Brush Lettering lernen

Danke, dass Du dieses Buch gekauft hast!

Ich habe dieses Buch aus einem ganz eigennützigen Motiv heraus erstellt: Ich liebe diese Schriftart und habe sie schon häufiger für Projekte genutzt. Jetzt wollte ich unbedingt lernen, wie ich sie selber mit der Hand schreiben kann. Also habe ich die Betreiber der Verkaufsplattform gefragt, ob ich daraus ein Buch machen darf und glücklicherweise haben sie sofort ja zugestimmt! Was Du jetzt gerade in der Hand hältst, ist das Arbeitsbuch mit dem ich auch lerne. Und ich hoffe, Du hast genauso viel Spaß daran, wie ich!

Der Aufbau dieses Buchs
Nach der Testseite für deine Stifte findest Du mehrere Seiten mit Aufwärmübungen. Diese helfen dir, lockerer zu werden und den Rhythmus für's Schreiben zu finden. Nach diesen Übungen kommen die Klein- und danach die Großbuchstaben.

Jede Übung und jeder Buchstabe steht auf zwei Seiten, so dass du sowohl als Links- wie auch Rechtshänder bequem darauf schreiben kannst.

Welcher Pinselstift?
Mittlerweile gibt es glücklicherweise viele Pinselstifte in Geschäften und online zu kaufen. Ich habe schon etliche ausprobiert und kann gar nicht sagen, welcher mir am Besten gefällt. Es hängt einfach davon ab, welches Papier ich benutze, in welchem Stil ich schreibe und wie groß die Buchstaben werden sollen.

Bitte teste auf der Testseite, ob deine Stifte durchdrücken. Ich habe dieses Buch mit Createspace erstellt, die Plattform von Amazon für Selbstverleger. Das ist auf der einen Seite praktisch, da ich keinen Verlag brauche, auf der anderen Seite kann leider die Qualität das Papiers variieren, je nachdem welche Druckerei das Buch druckt.

Wenn du schon Erfahrung mit Brushlettering oder Kalligraphie hast, kannst du direkt loslegen. Falls Brushlettering für dich etwas Neues ist, lies auf der nächsten Seite die Tipps, die dir beim Start helfen werden.

Deine

Julia

Eine kurze Einführung ins Brushlettering

Dies ist nur eine kurze Einführung ins Brushlettering. Es gibt Massen an Youtube-Videos, die du dir ansehen kannst - der Vorteil ist, dass du es dann in Bewegung sehen kannst. Auf Deutsch ist der Kanal von Frau Hölle besonders empfehlenswert, auf Englisch der von Dawn Nicole und InkarellaCards, die übrigens beide Linkshänderinnen sind!

Wie man den Stift hält

Der Pinselstift wird in 45 Grad zum Blatt locker in der normalen Schreibhand gehalten - und nicht wie sonst meistens beim Schreiben in einem fast 90 Grad Winkel! Das ist erst mal etwas ungewohnt und es braucht ein wenig, bis man den Dreh raus hat. Aber bei einem 90 Grad Winkel würde der Pinselstift sehr schnell ausfransen und wäre nicht mehr zu gebrauchen.

Die zwei grundsätzlichen Strich-Typen

Es gibt zwei grundsätzliche Strichtypen beim Brushlettering. Die Aufstriche sind die Striche, die von unten nach oben ausgeführt werden. Dies geschieht beim Brushlettering mit nur sehr wenig Druck auf den Stift, um dünne Linien zu erzeugen. Bei den Abstrichen - also den Strichen von oben nach unten - wird kräftiger auf das Papier gedrückt, um einen dickeren Strich zu schreiben.

Hab keine Angst, den Stift fest aufzudrücken. Denn dafür wurde er gemacht! Beim Aufstrich hingegen berührst du fast gar nicht das Papier. Und keine Sorge, falls die Linien alle noch etwas wackelig sind am Anfang. Es braucht nur Übung, etwas mehr Übung und noch mal Übung.

Fang als ersten Schritt mit den Basisstrichen an, die du als erstes bei den Übungen findest. Beginne mit langsamen Strichen, so dass du ein Gefühl für den Stift entwickelst.

Folge den Pfeilen

Jeder Buchstabe ist in der ersten Zeile mit Pfeilen versehen. Folge den Pfeilen, um jeden Buchstaben zu lernen.

Impressum:
Online-Impressum.de
Creator: BuchGefühl – Julia Stüber
Europaring 90
53757 Sankt Augustin

info@julia-stueber.de

www.julia-stueber.de

Design-Konzept, Layout, Illustration: Julia Stüber

TESTSEITE

Probiere hier mit deinen Stiften aus, wie sich das Papier verhält!

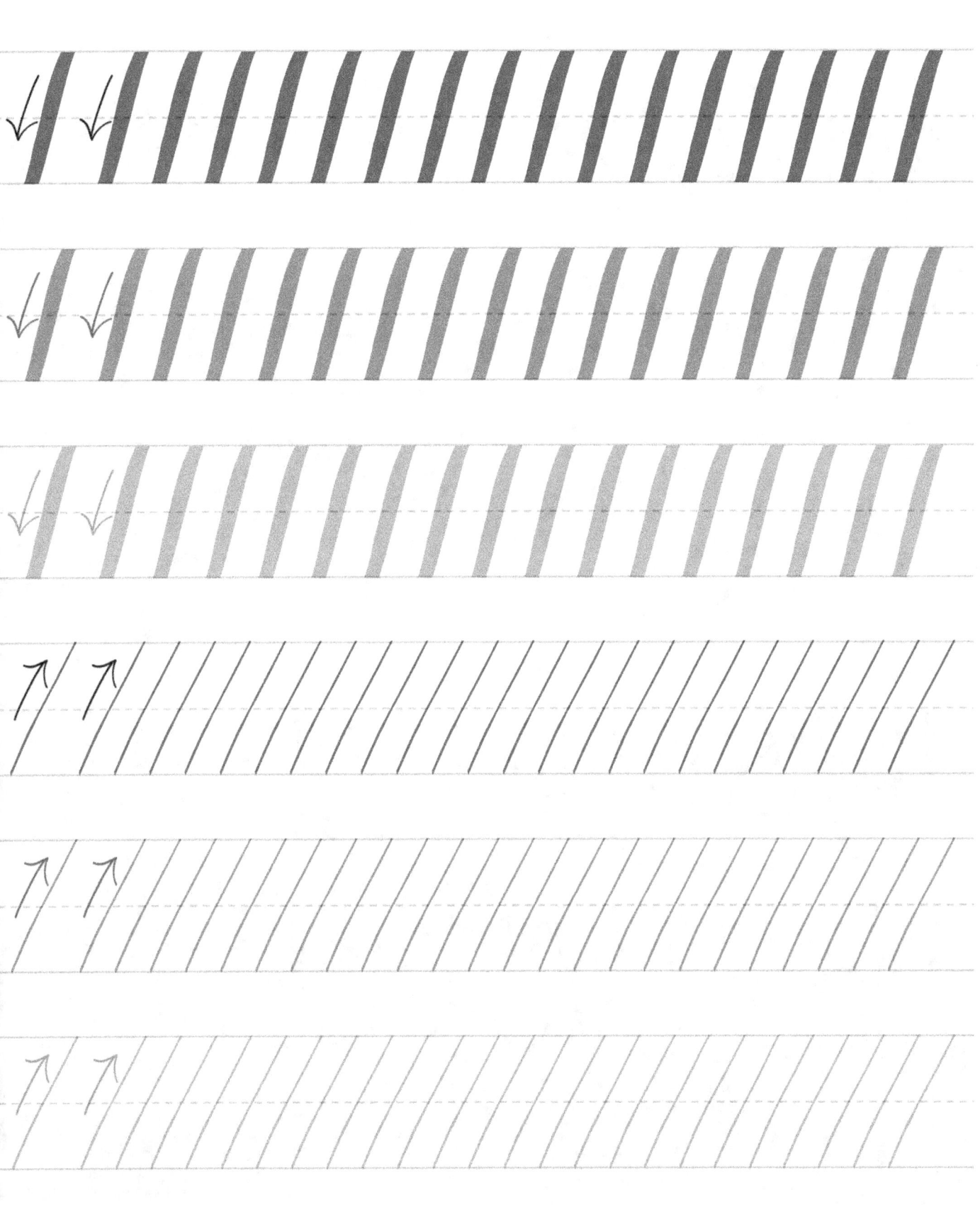

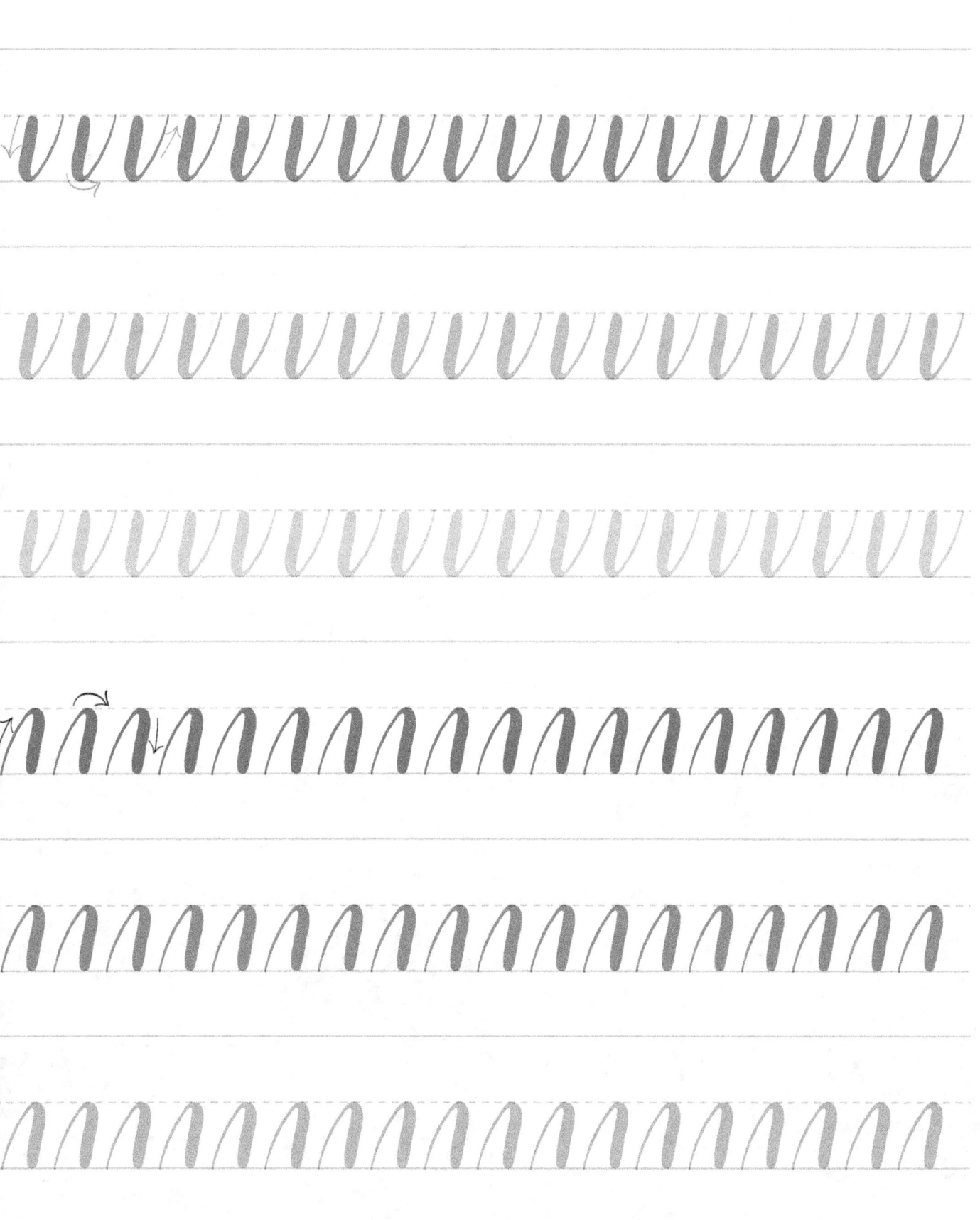

a a a a a a a a

a a a a a a a a

a a a a a a a a

a a a a a a a

a a a a a a a

a a a a a a a

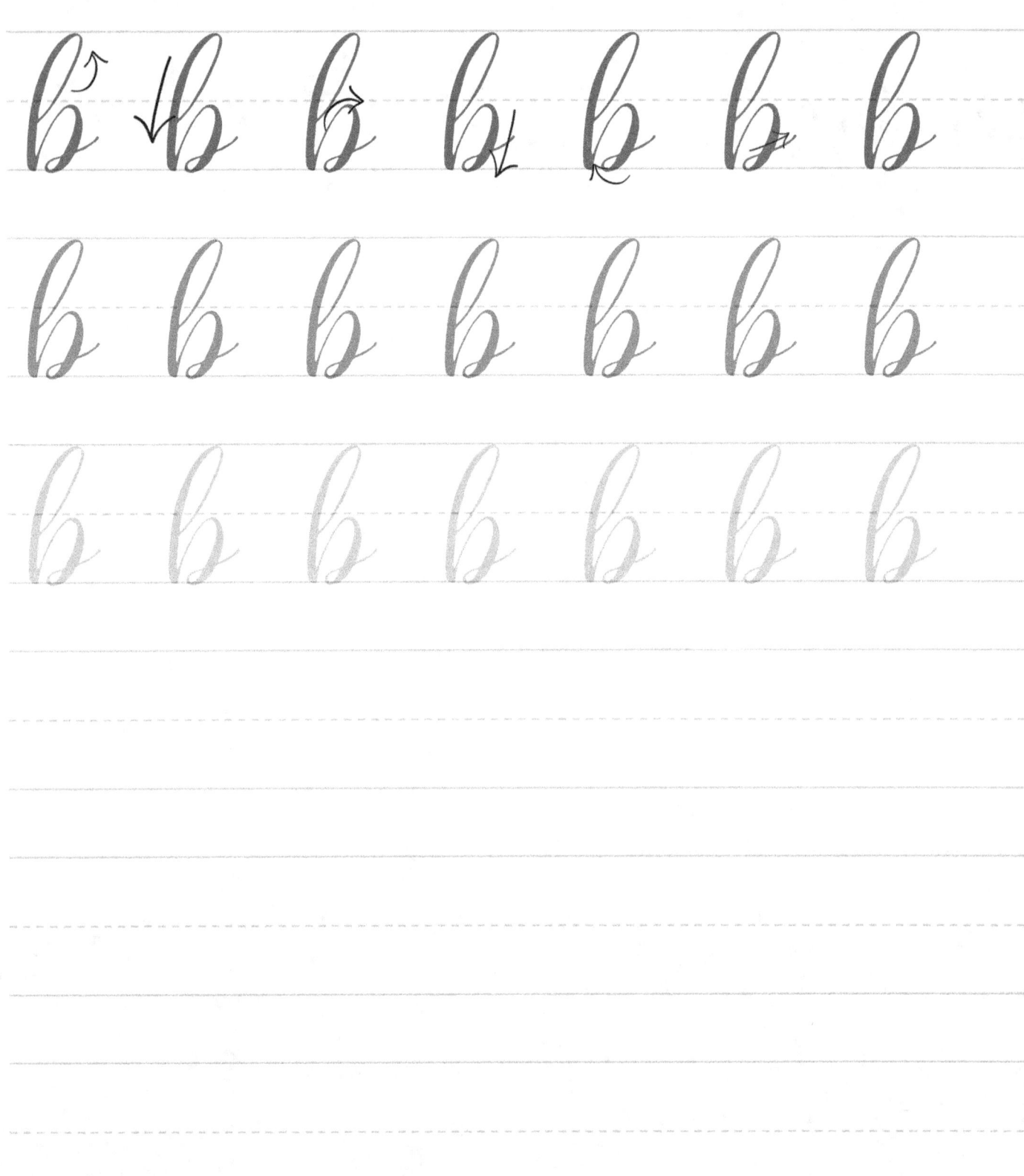

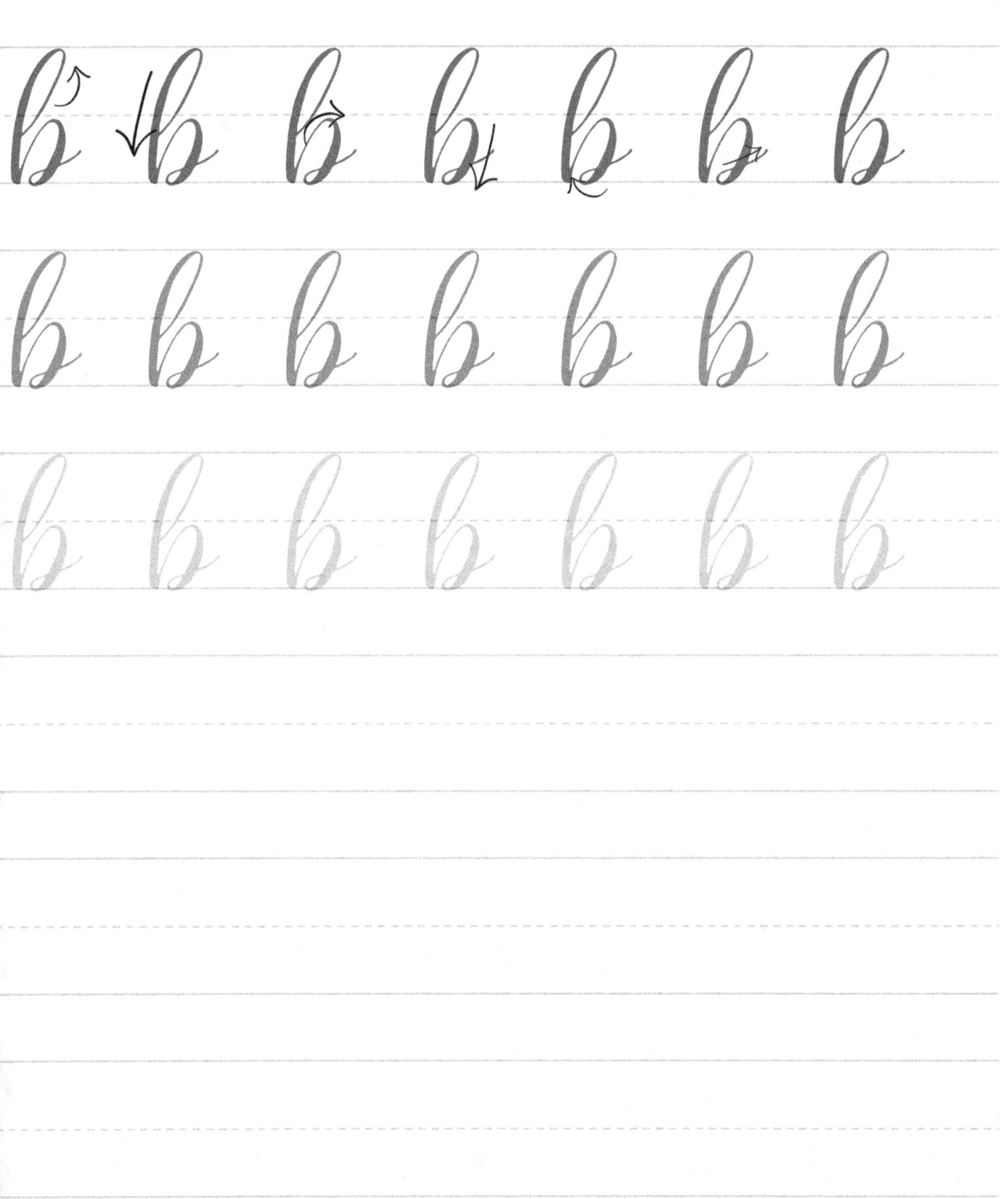

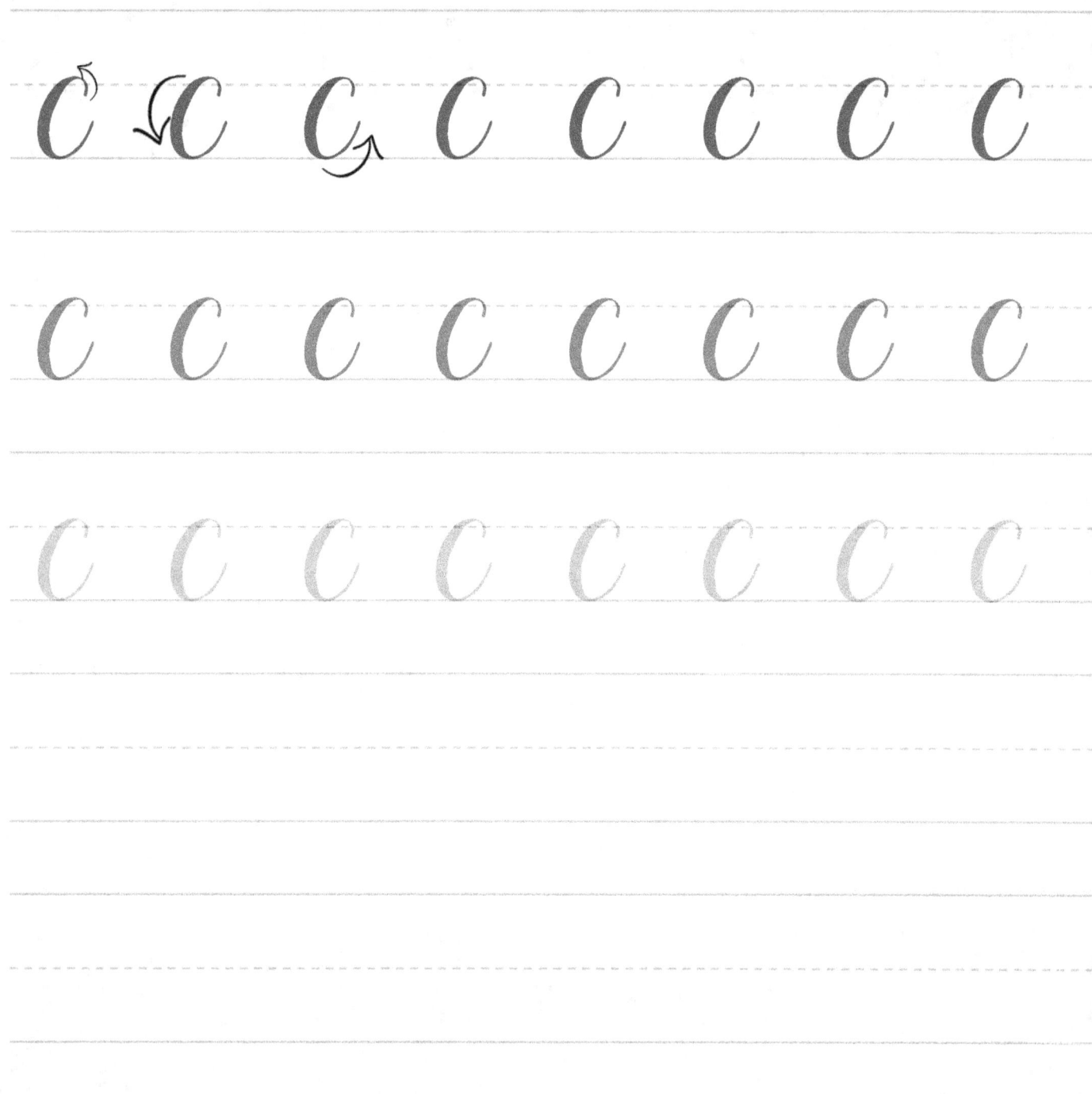

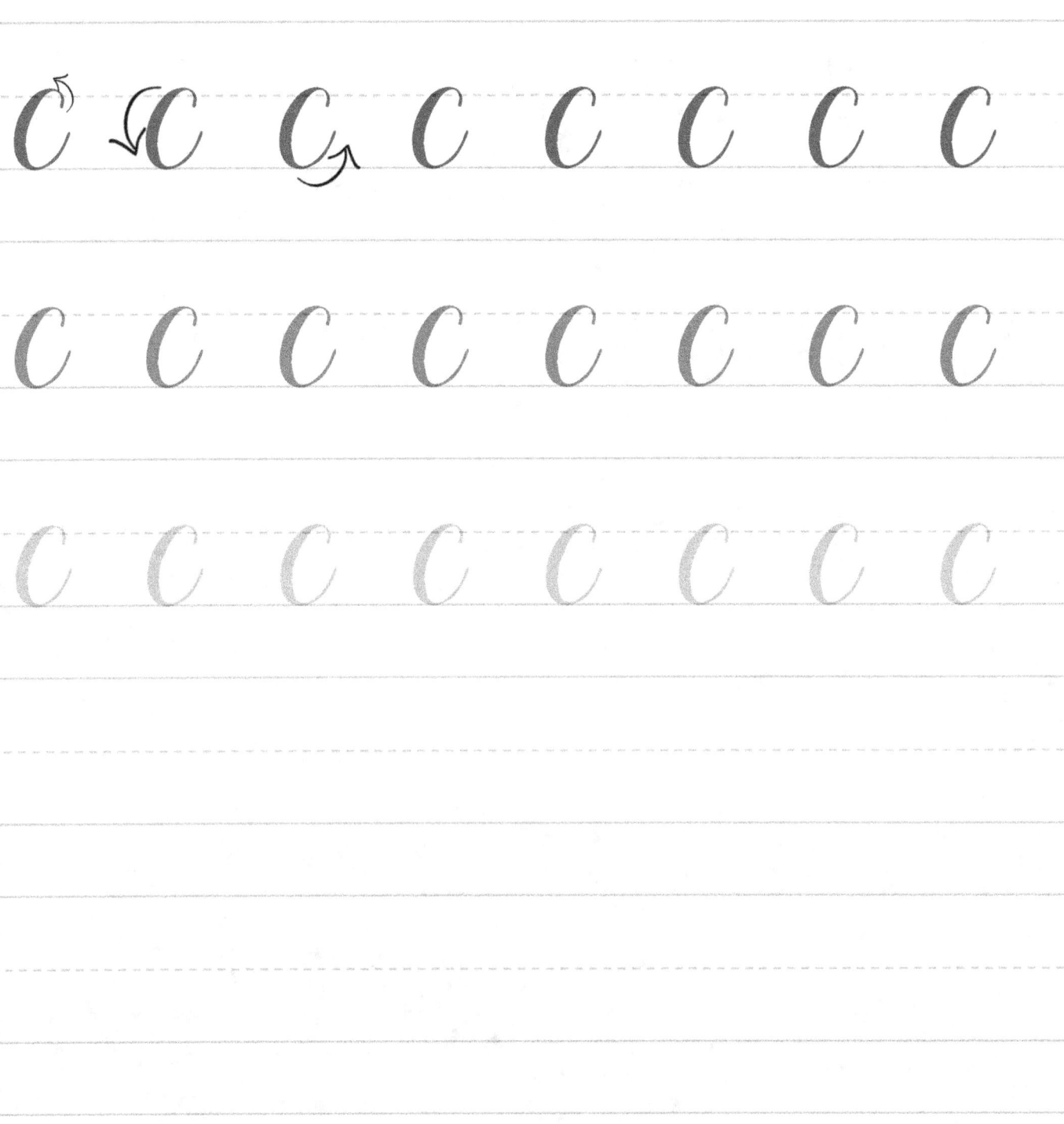

d d d d d d

d d d d d d

d d d d d d

d d d d d d

d d d d d d

d d d d d d

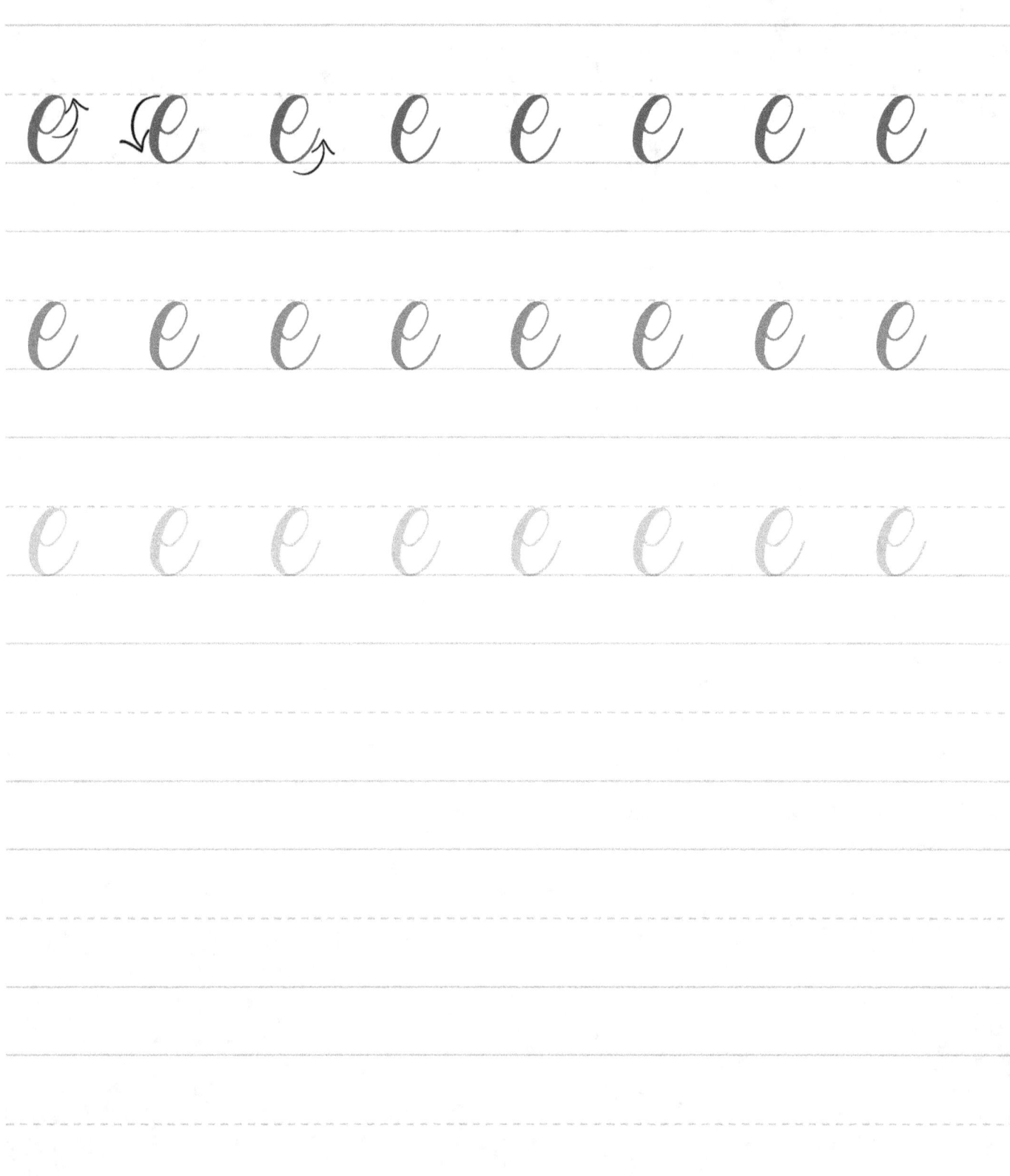

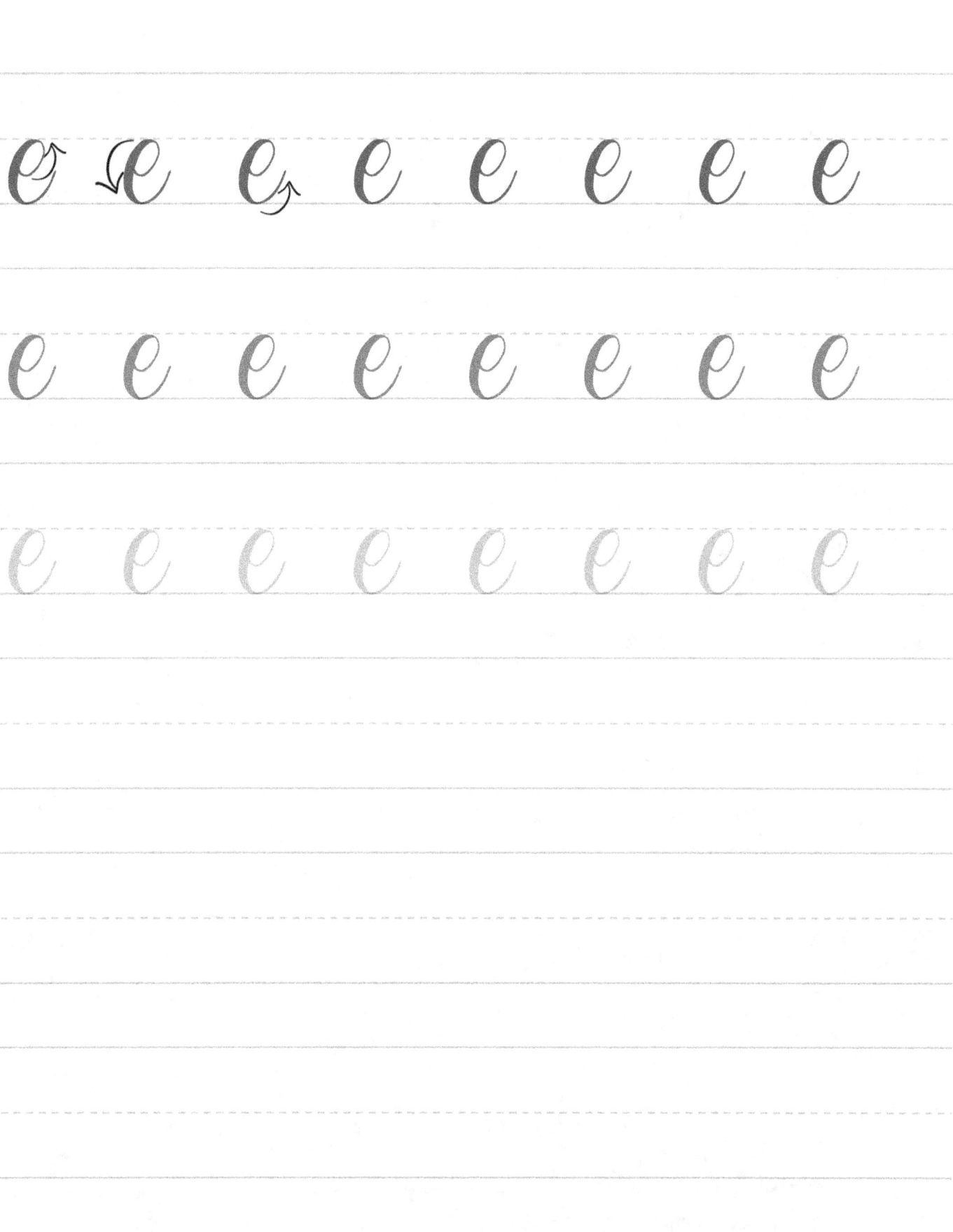

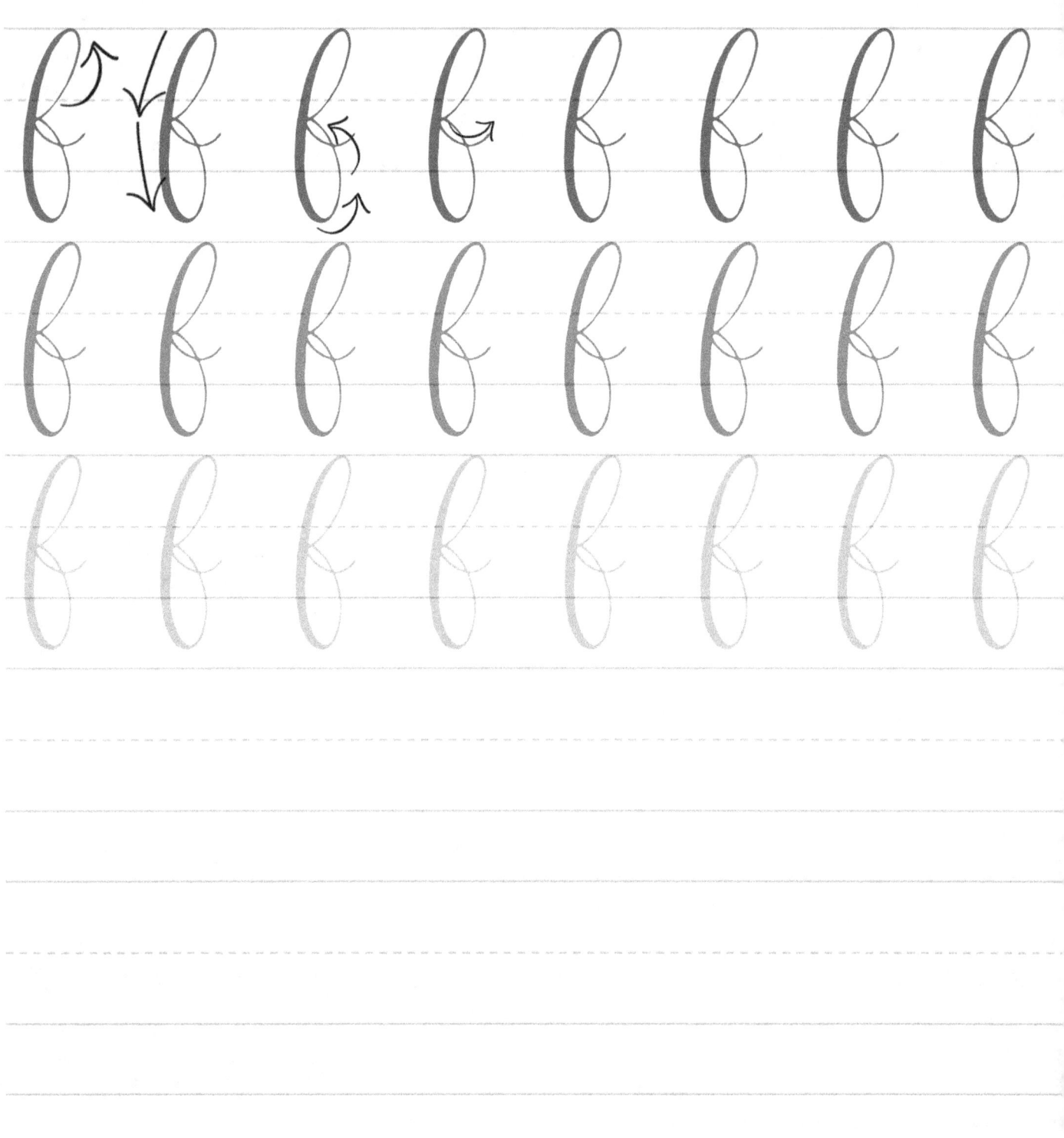

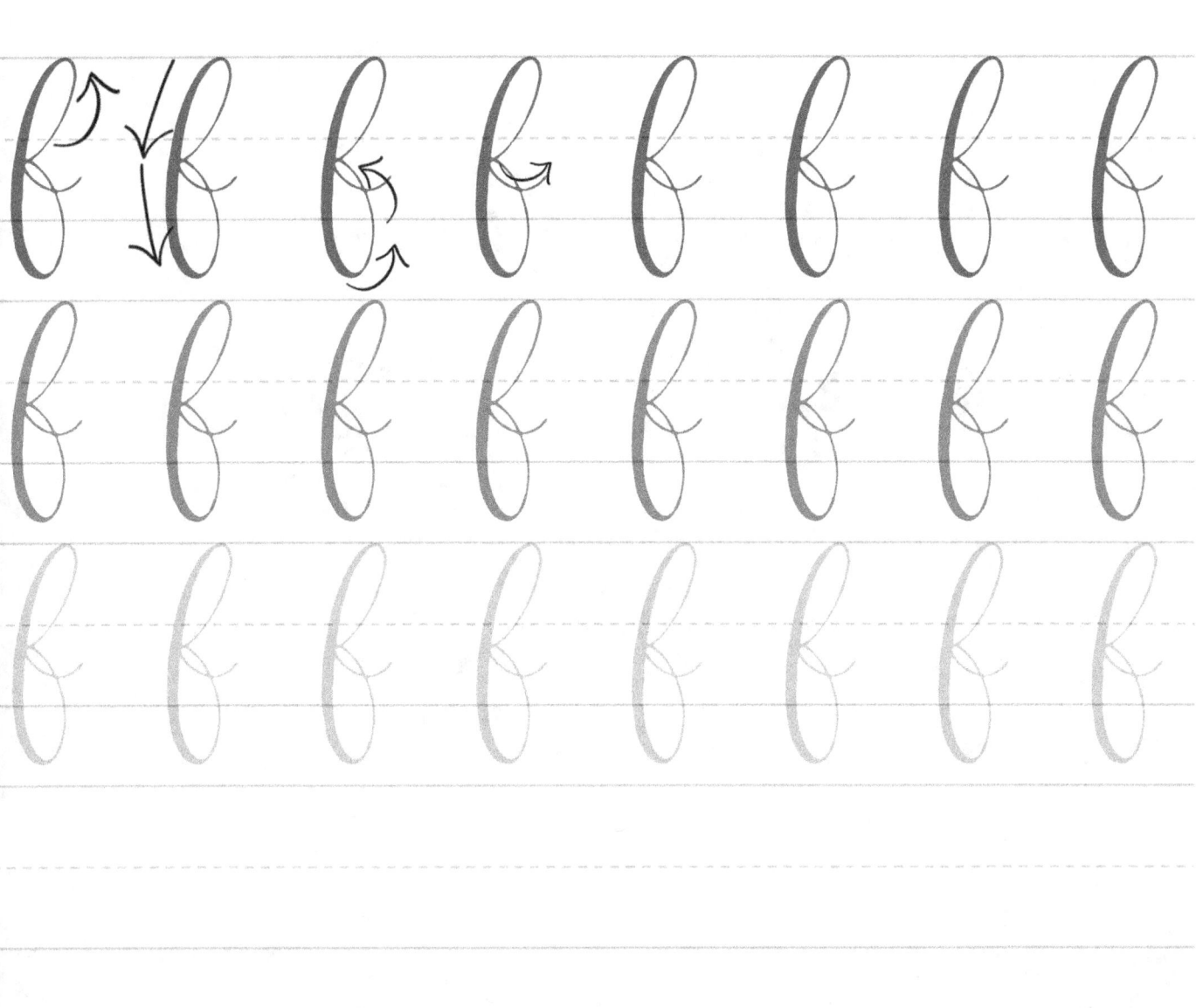

g g g g g g g

g g g g g g g

g g g g g g g

g g g g g g g

g g g g g g g

g g g g g g g

h h h h h h h

h h h h h h h

h h h h h h h

h h h h h h h h

h h h h h h h h

h h h h h h h h

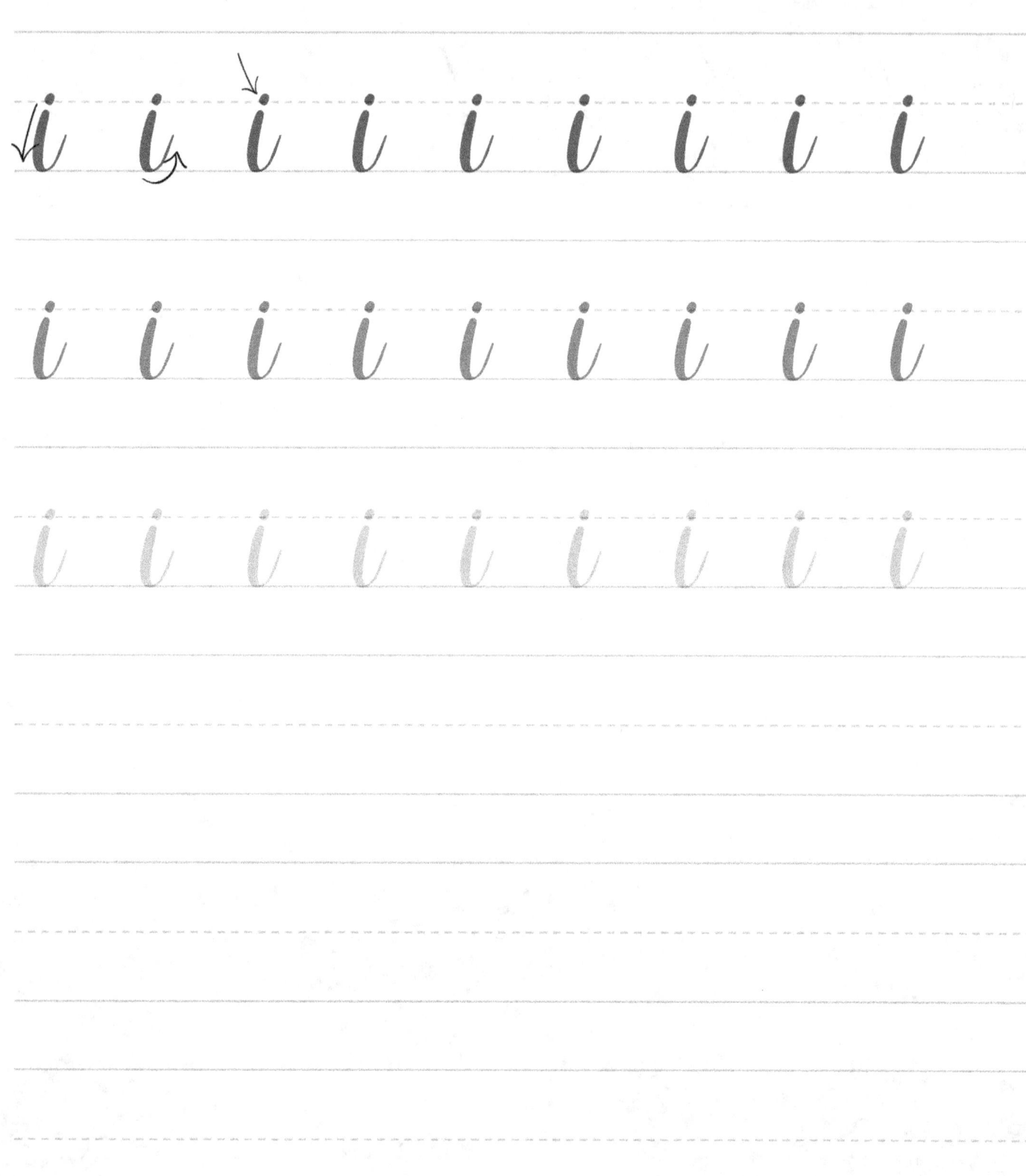

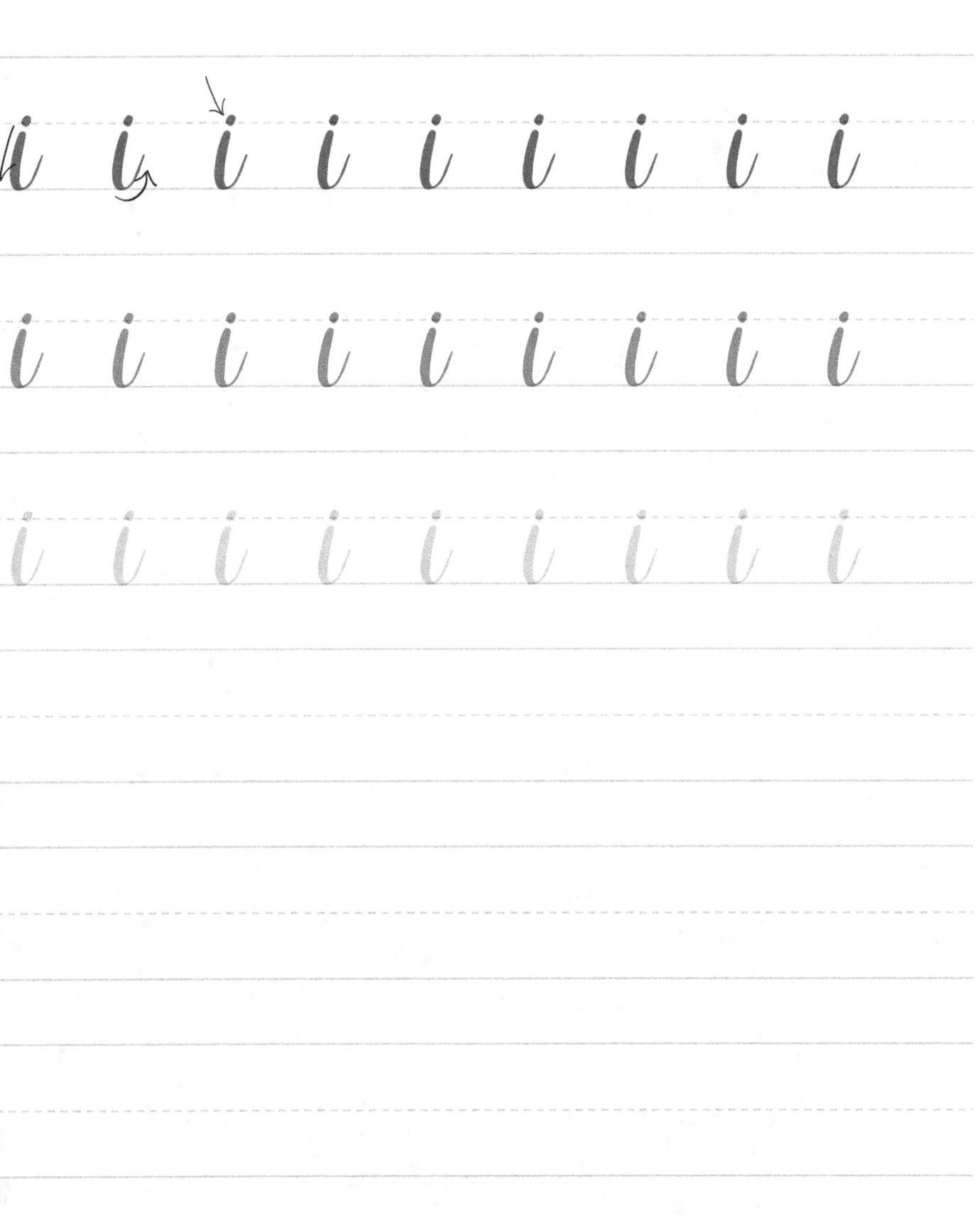

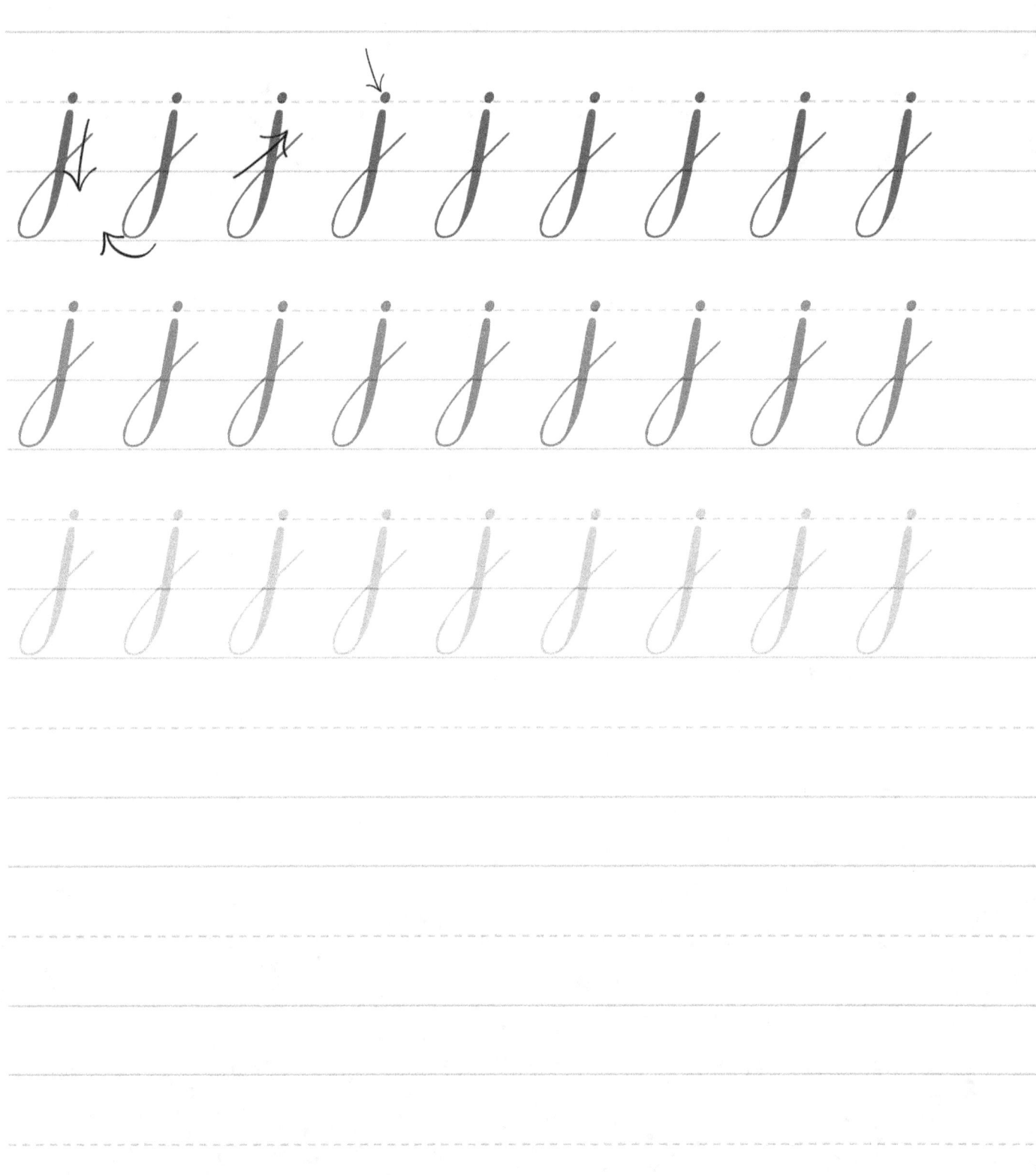

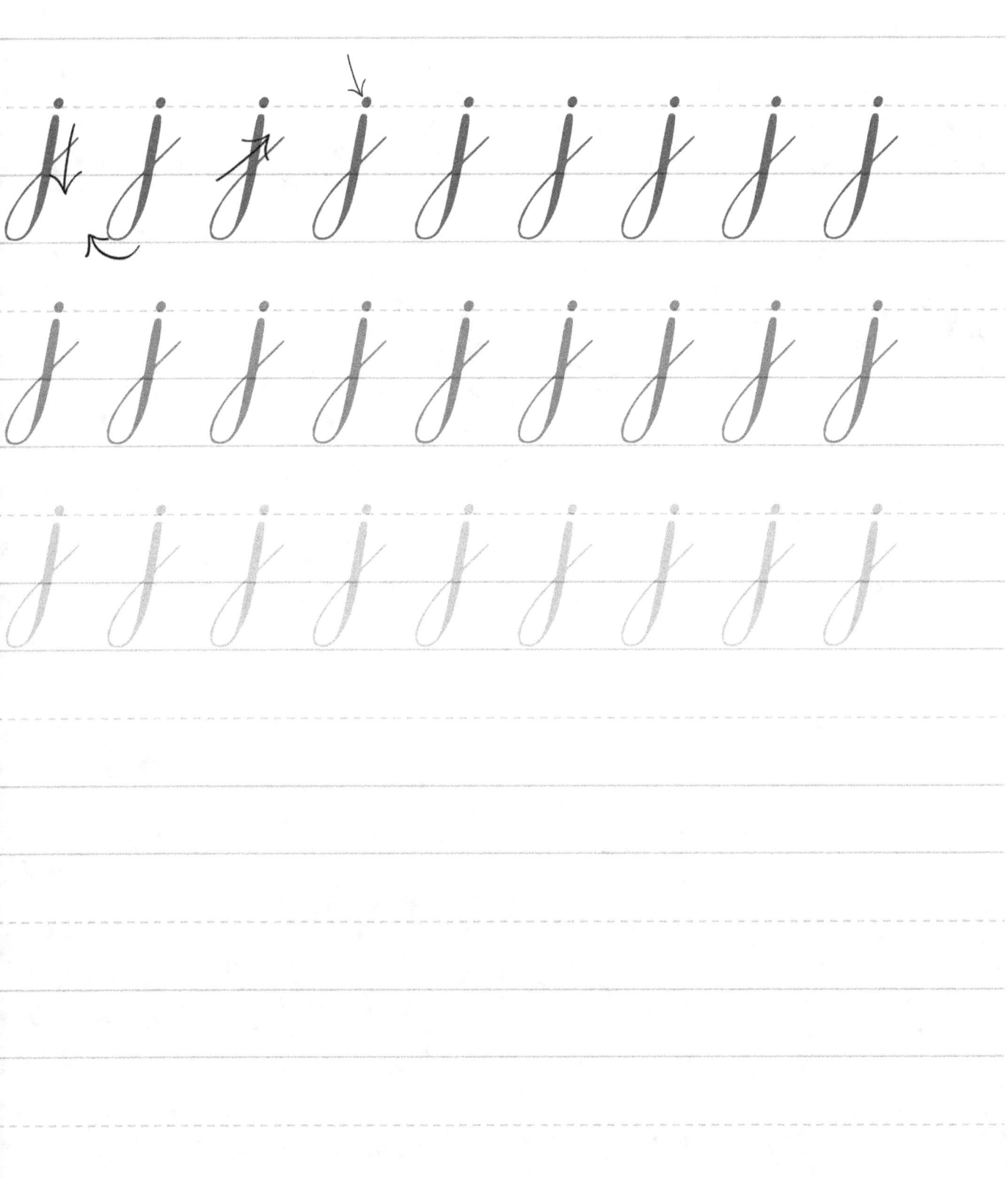

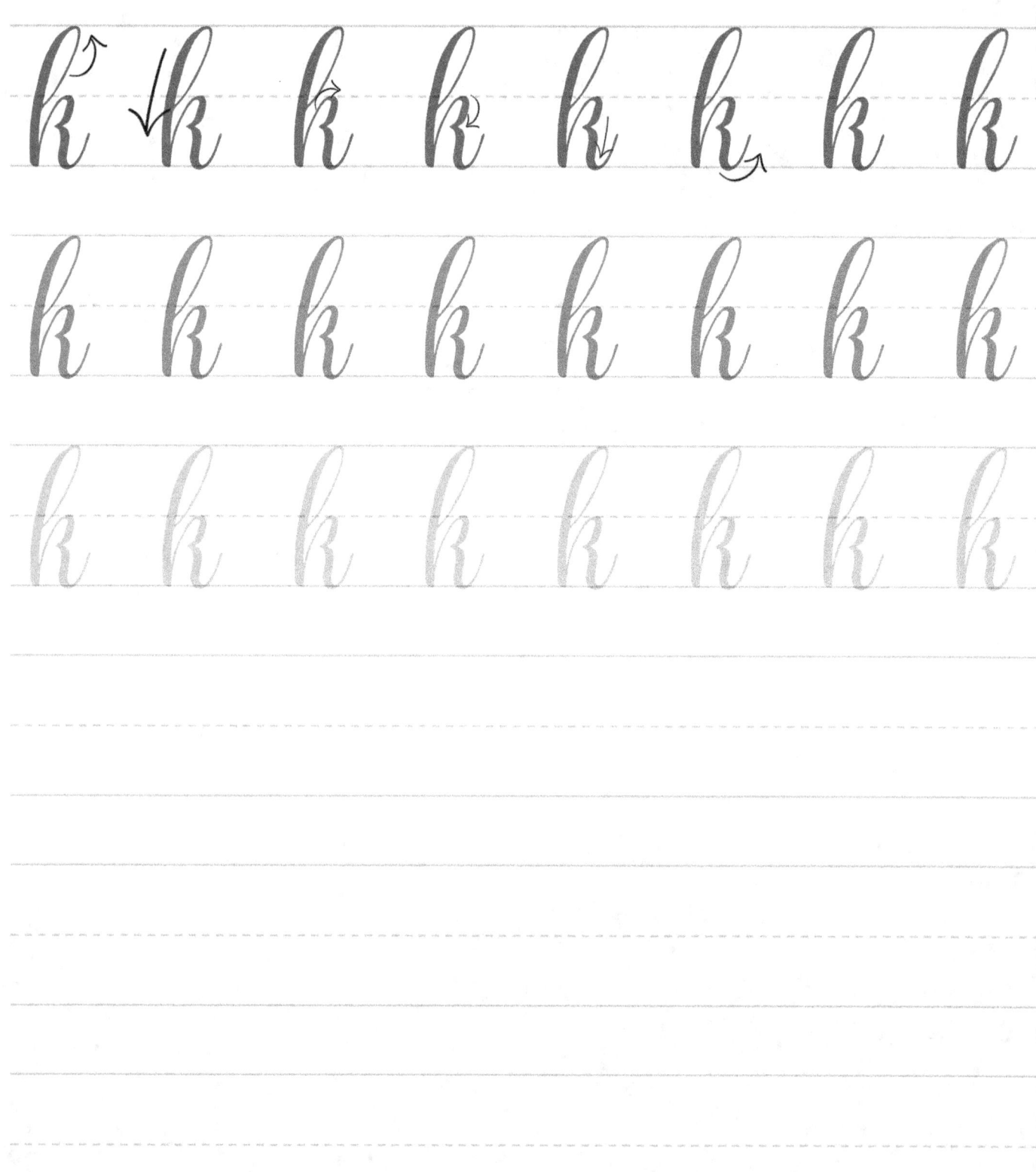

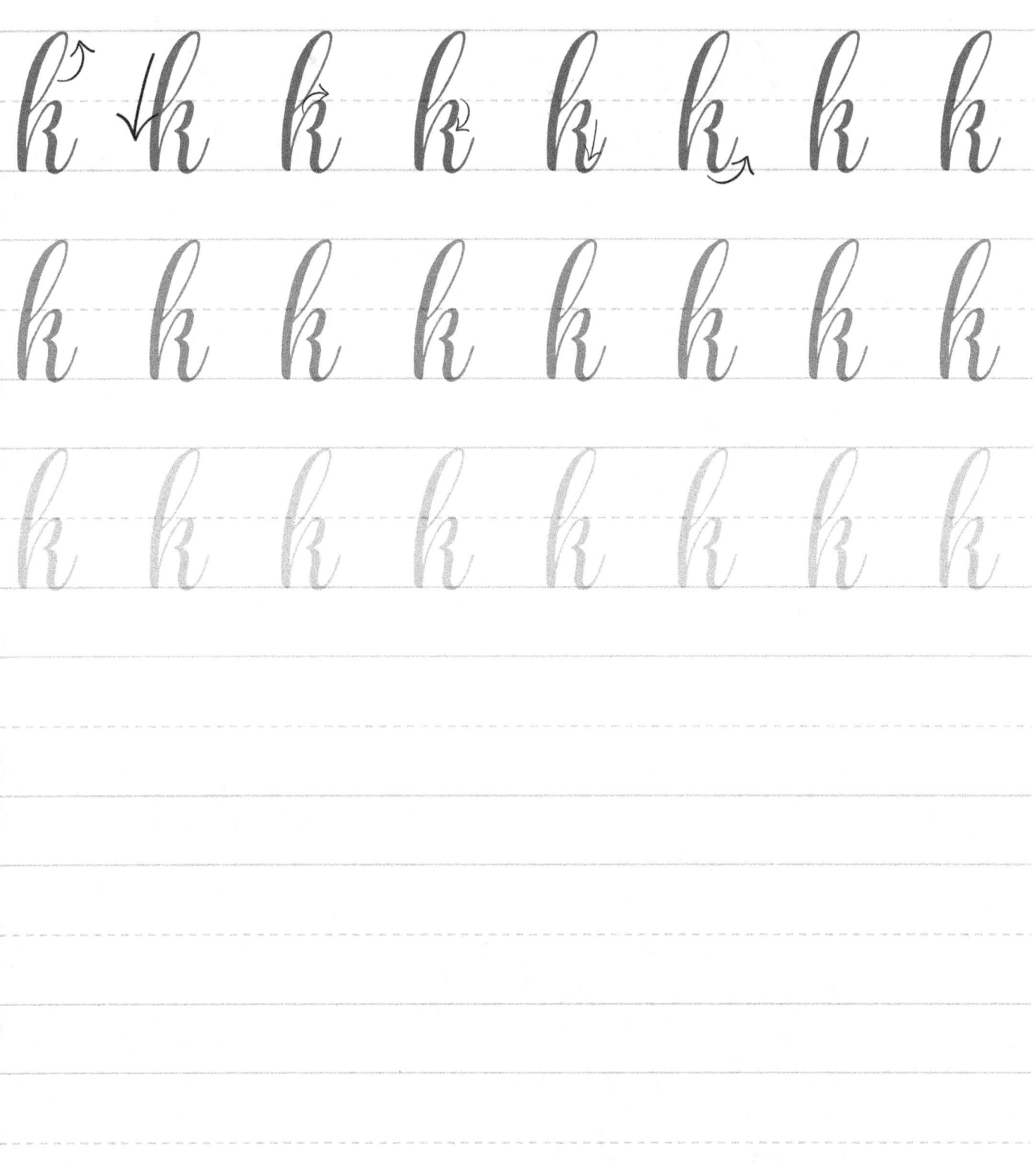

m *m* *m* *m* *m* *m*

m *m* *m* *m* *m* *m*

m *m* *m* *m* *m* *m*

m m m m m m m m m m m m

m m m m m m m m m m m m

m m m m m m m m m m m m

n n n n n n n

n n n n n n

n n n n n n

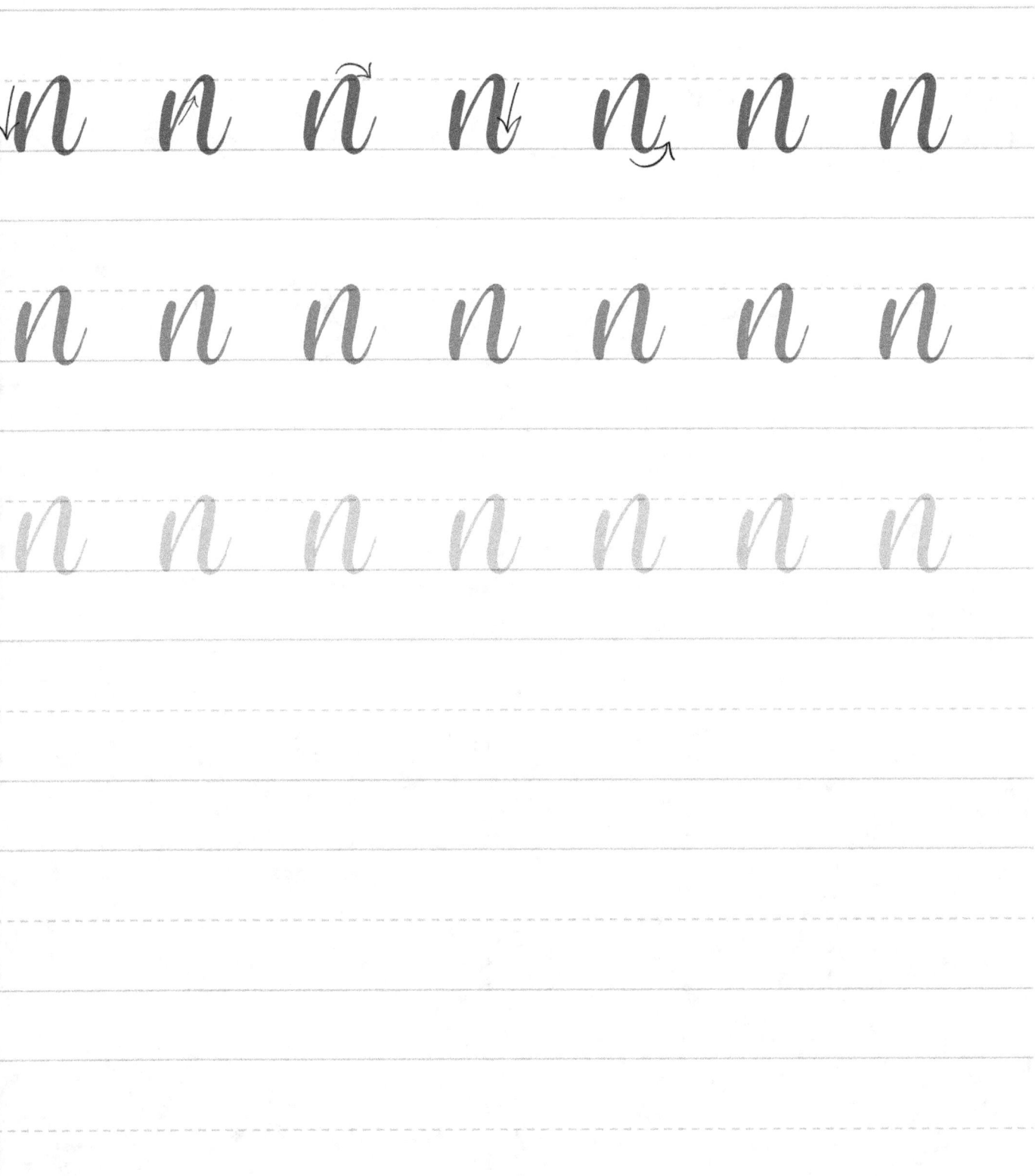

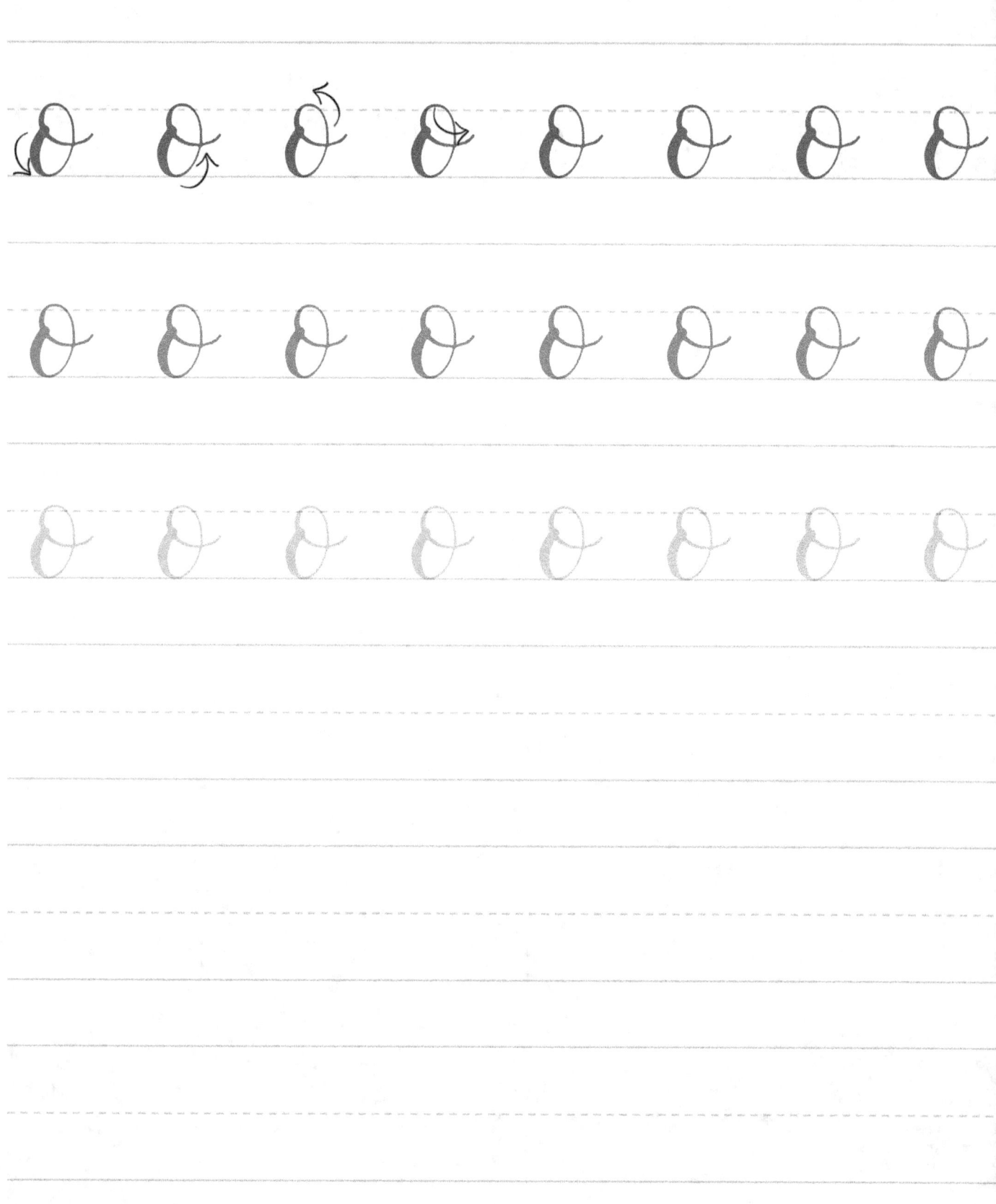

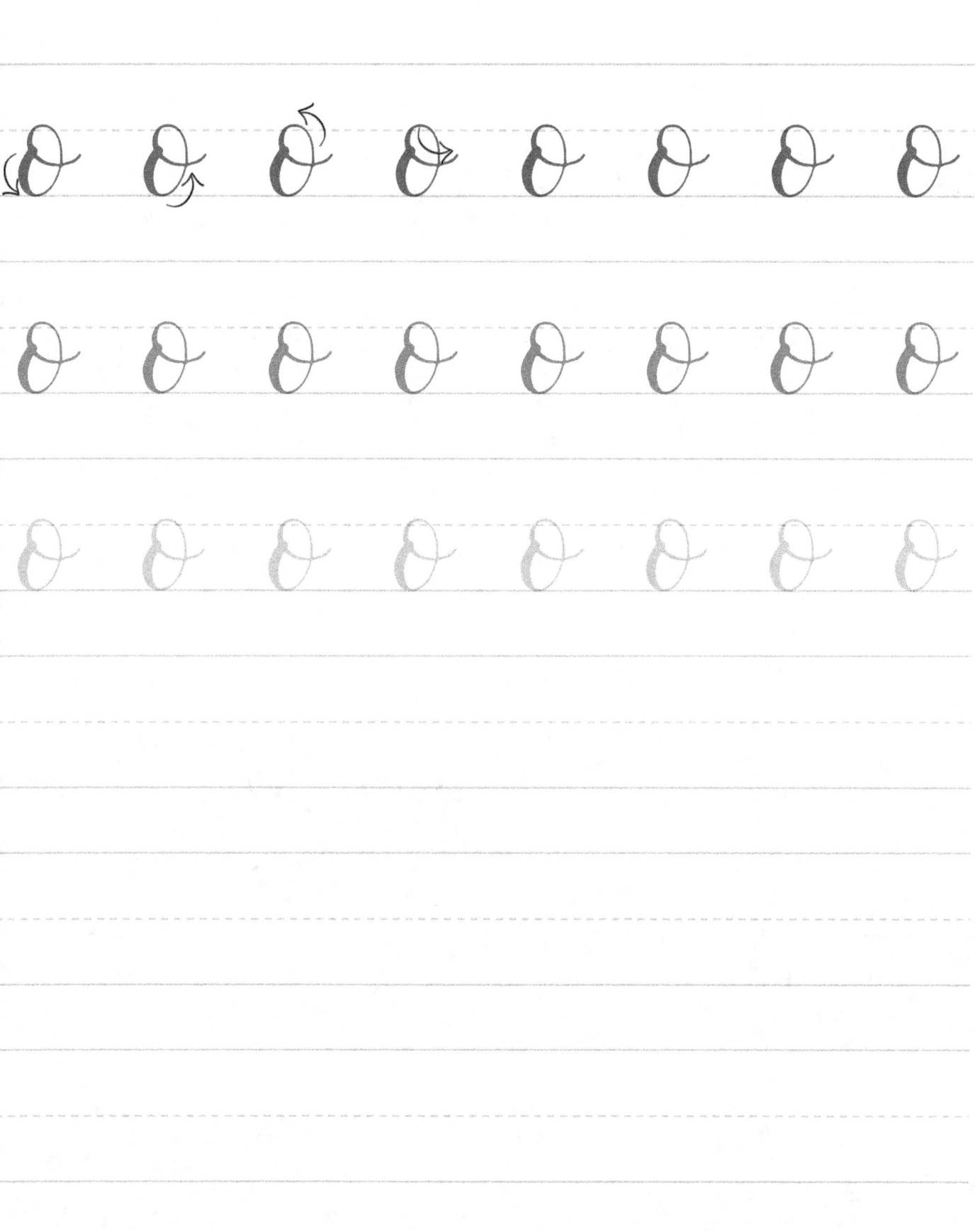

p p p p p p p p

p p p p p p p p

p p p p p p p p

p *p* *p* *p* *p* *p* *p*

p *p* *p* *p* *p* *p* *p*

p *p* *p* *p* *p* *p* *p*

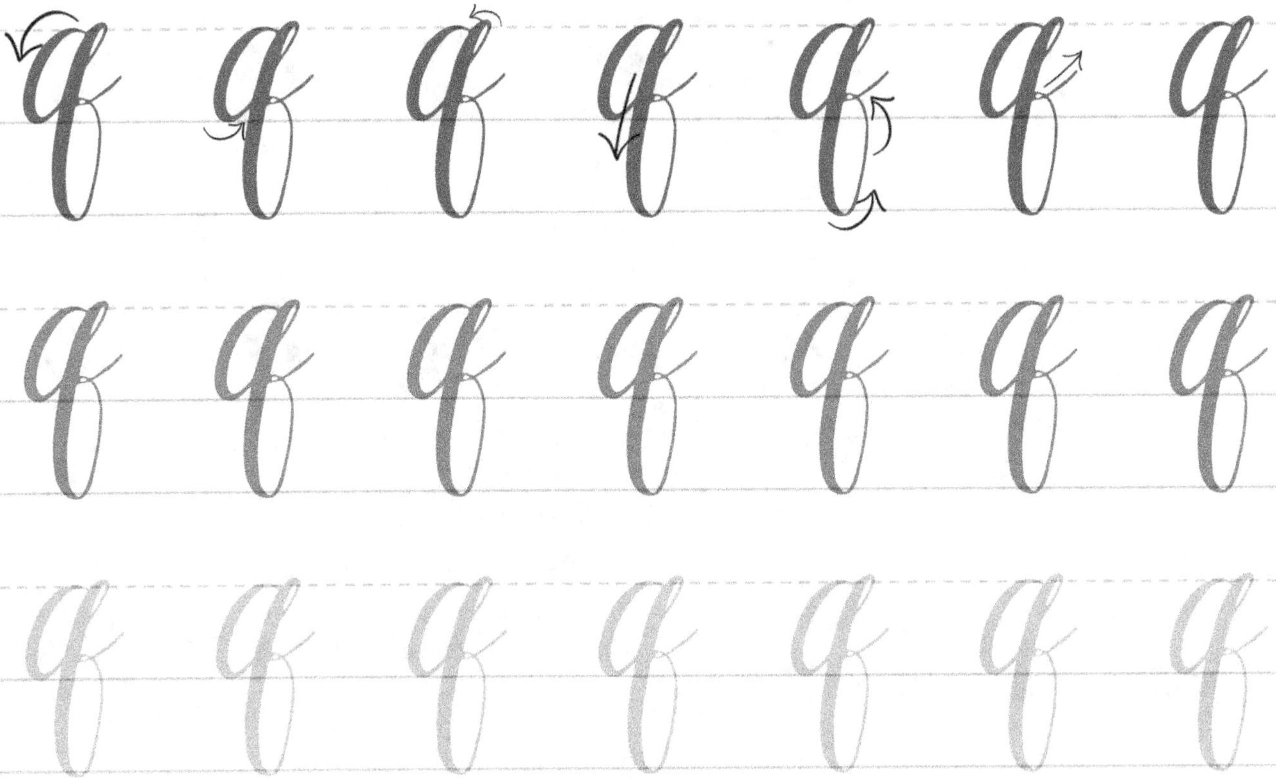

Ч Ч Ч Ч Ч Ч Ч Ч Ч

Ч Ч Ч Ч Ч Ч Ч Ч Ч

Ч Ч Ч Ч Ч Ч Ч Ч Ч

와 와 와 와 와 와 와 와

와 와 와 와 와 와 와 와

와 와 와 와 와 와 와 와

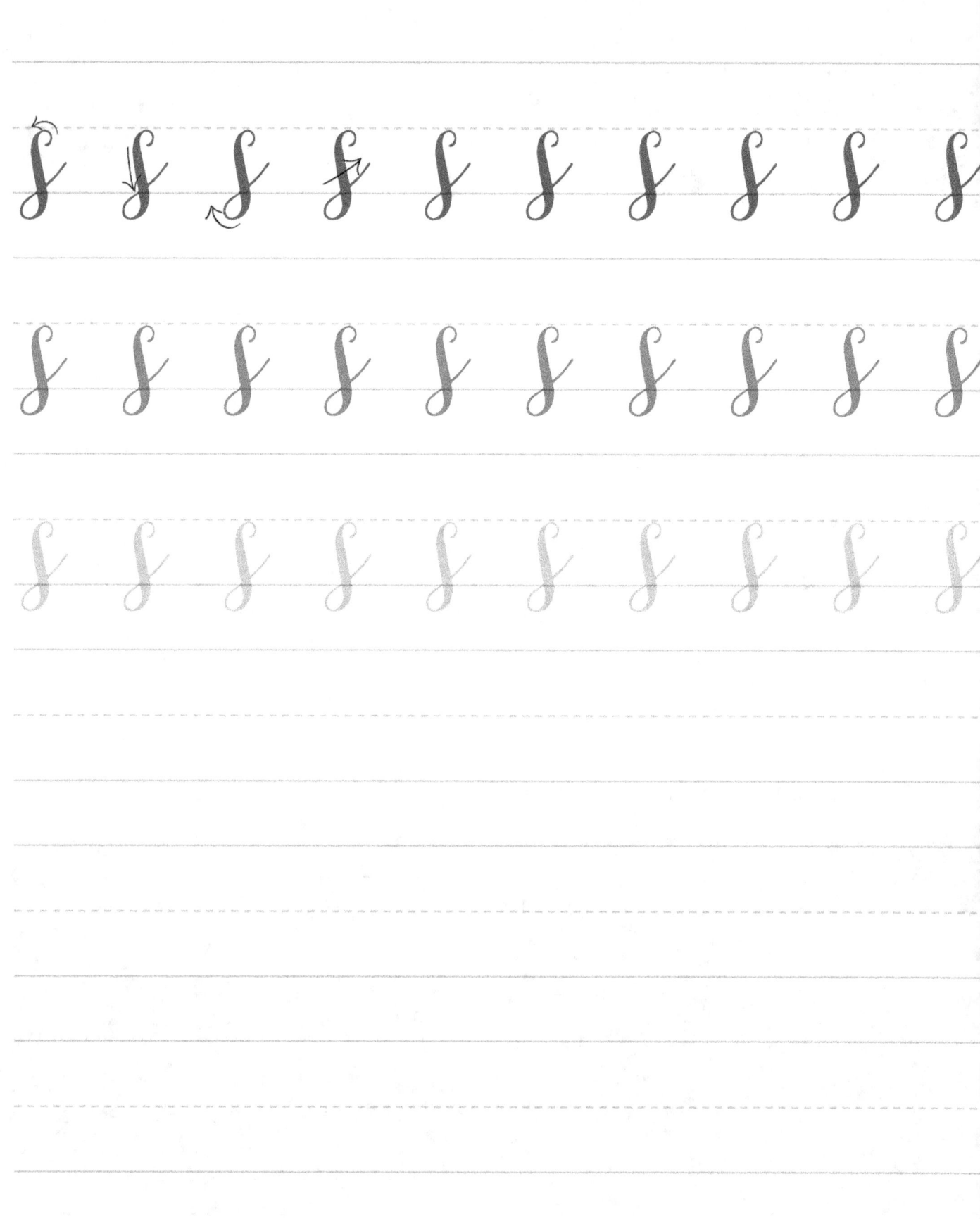

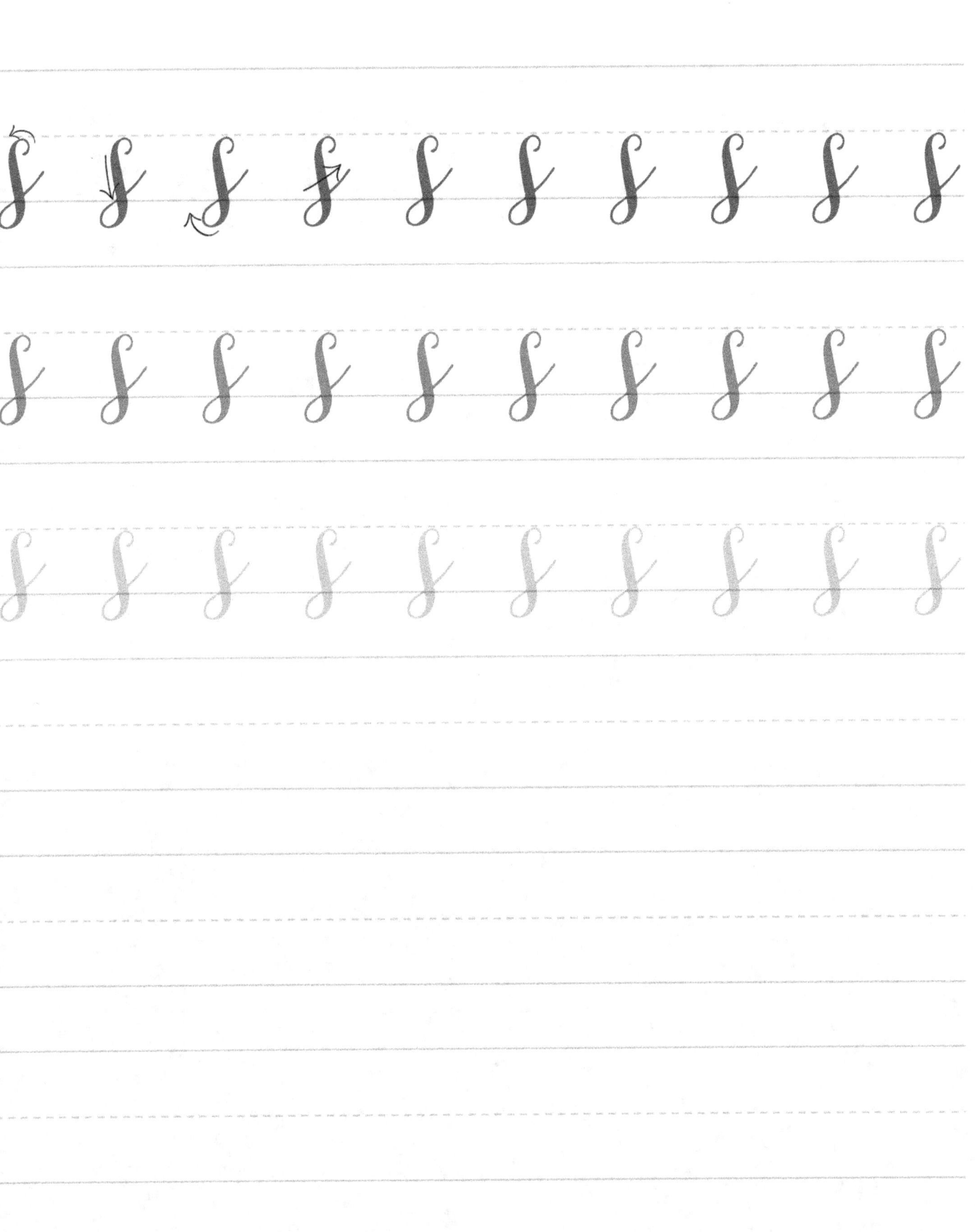

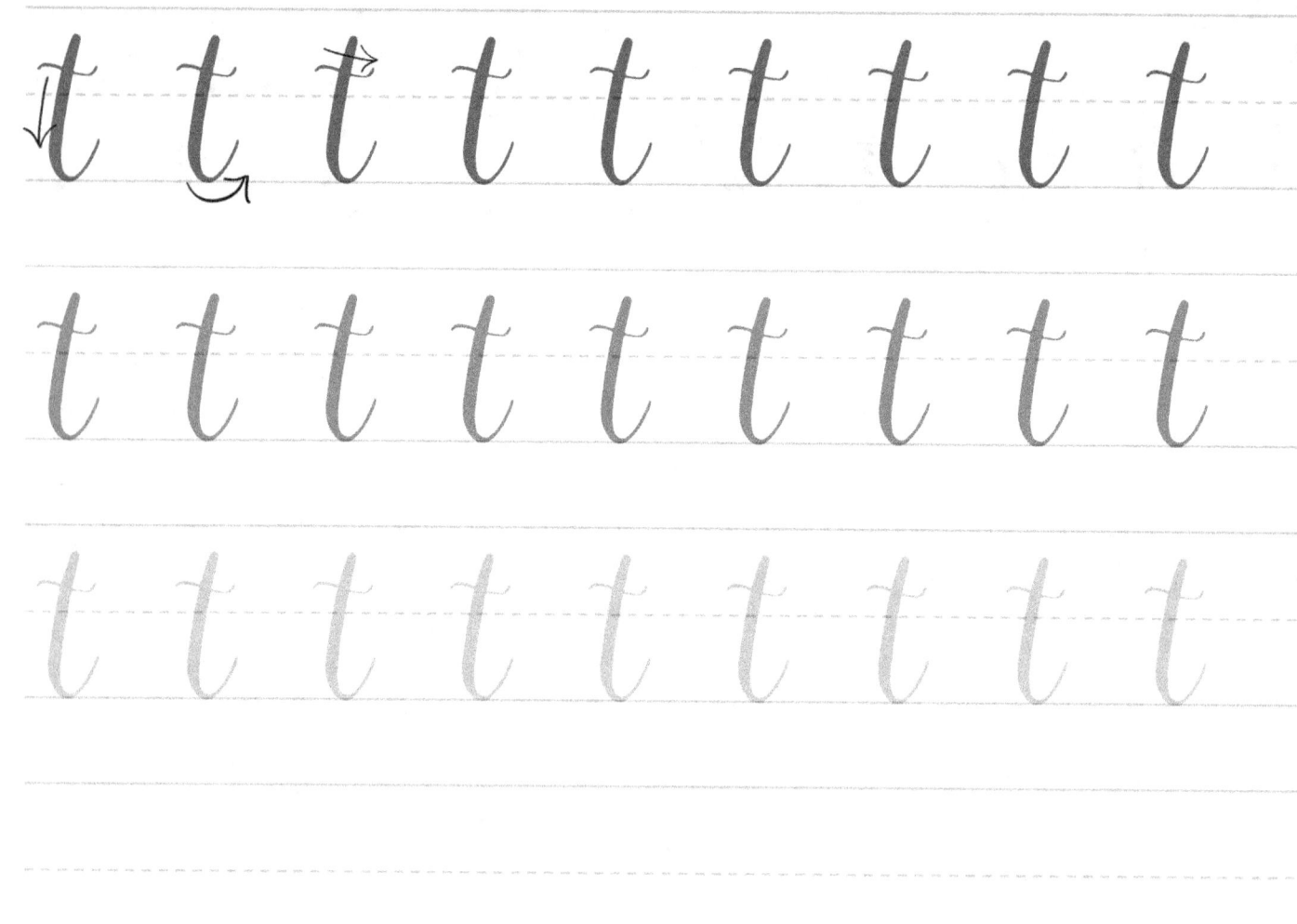

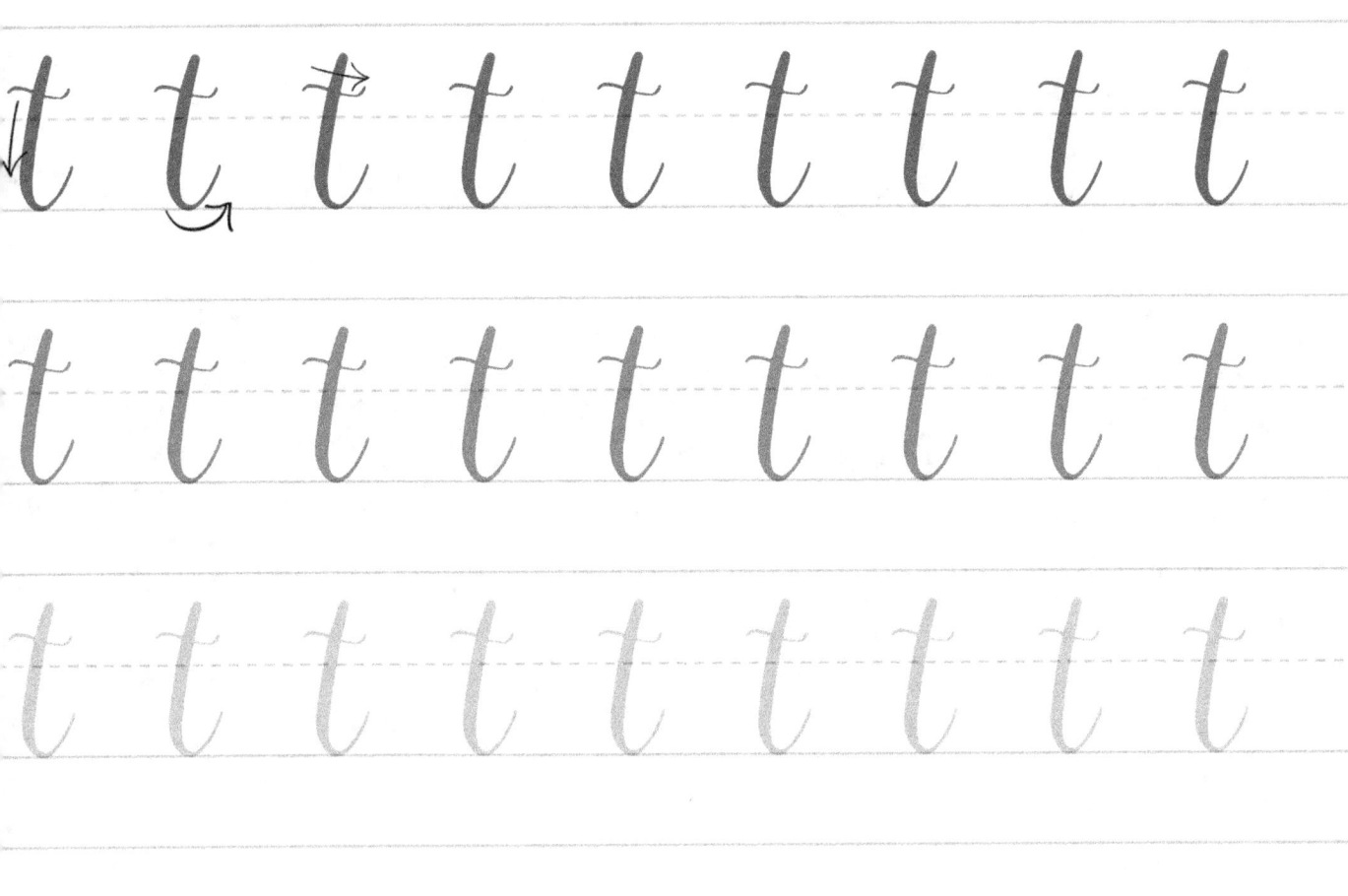

UU UU UU UU UU UU UU

UU UU UU UU UU UU UU

UU UU UU UU UU UU UU

$\mathcal{U}\mathcal{U}$ $\mathcal{U}$ $\mathcal{U}$ $\mathcal{U}$ $\mathcal{U}$ $\mathcal{U}$ $\mathcal{U}$

$\mathcal{U}$ $\mathcal{U}$ $\mathcal{U}$ $\mathcal{U}$ $\mathcal{U}$ $\mathcal{U}$ $\mathcal{U}$

$\mathcal{U}$ $\mathcal{U}$ $\mathcal{U}$ $\mathcal{U}$ $\mathcal{U}$ $\mathcal{U}$ $\mathcal{U}$

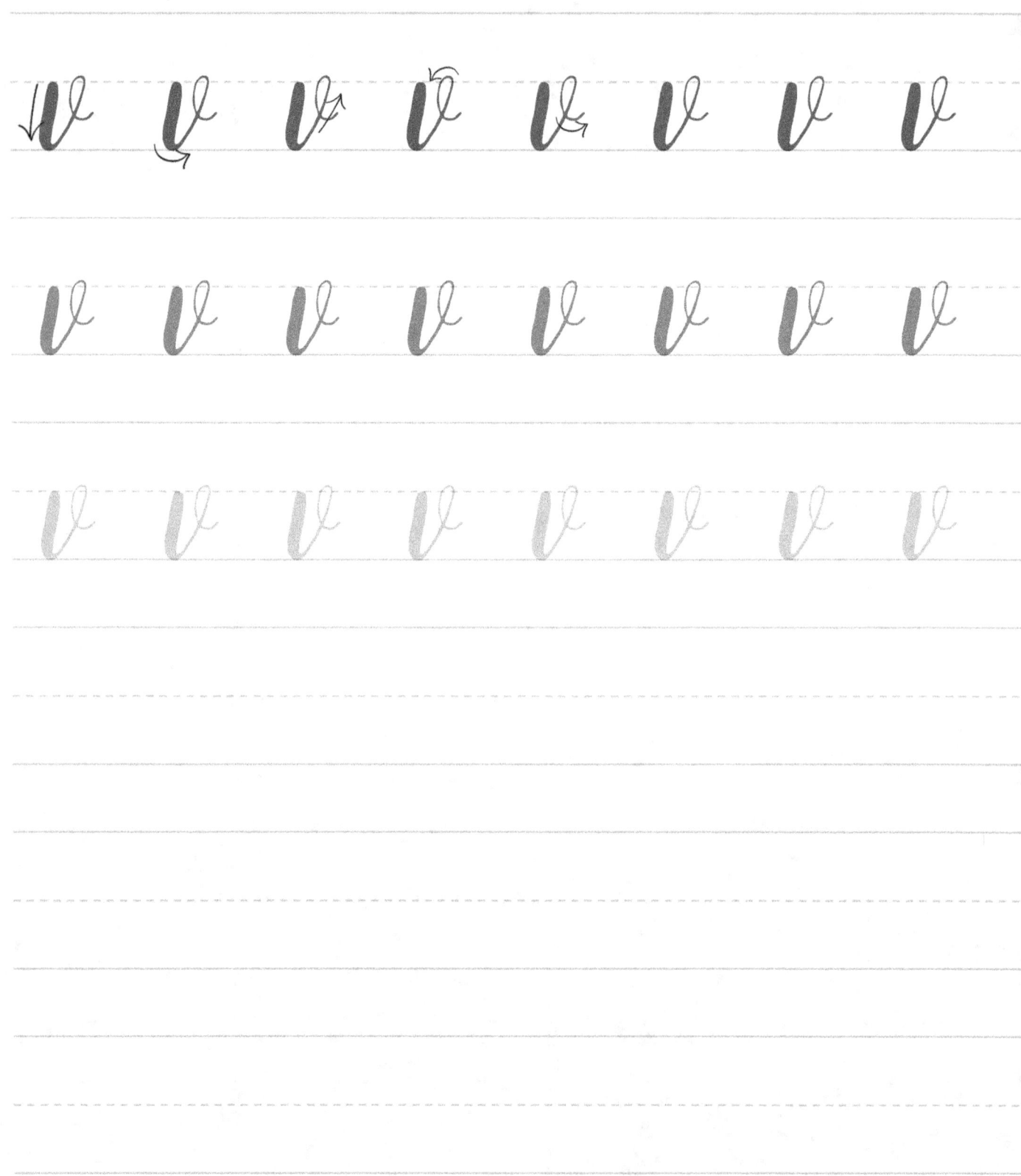

w w w w w w

w w w w w w

w w w w w w

w w w w w w

w w w w w w

w w w w w w

𝒳 𝒳 𝒳 𝒳 𝒳 𝒳 𝒳

𝒳 𝒳 𝒳 𝒳 𝒳 𝒳 𝒳

𝒳 𝒳 𝒳 𝒳 𝒳 𝒳 𝒳

𝒳 𝒳 𝒳 𝒳 𝒳 𝒳 𝒳

𝒳 𝒳 𝒳 𝒳 𝒳 𝒳 𝒳

𝒳 𝒳 𝒳 𝒳 𝒳 𝒳 𝒳

y y y y y y y

y y y y y y y

y y y y y y y

y y y y y y y

y y y y y y y

y y y y y y y

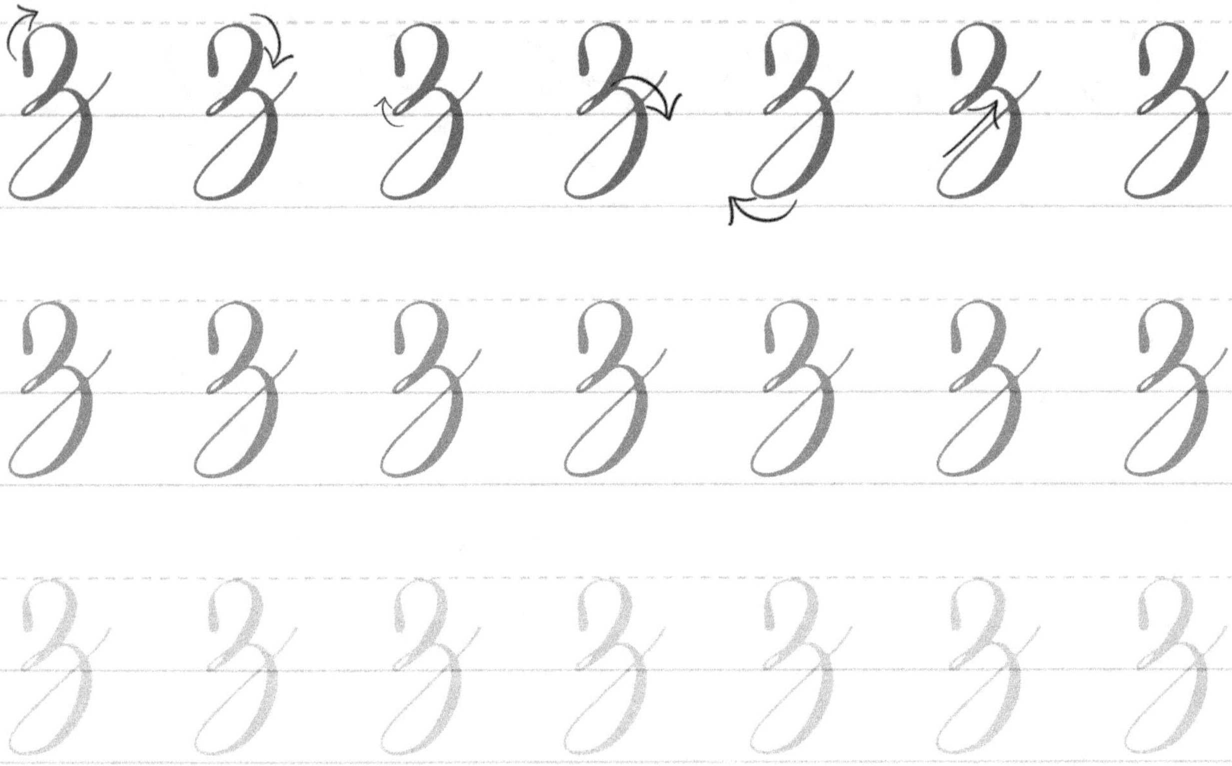

ä ä ä ä ä ä ä

ä ä ä ä ä ä ä

ä ä ä ä ä ä ä

ä ä ä ä ä ä ä

ä ä ä ä ä ä ä

ä ä ä ä ä ä ä

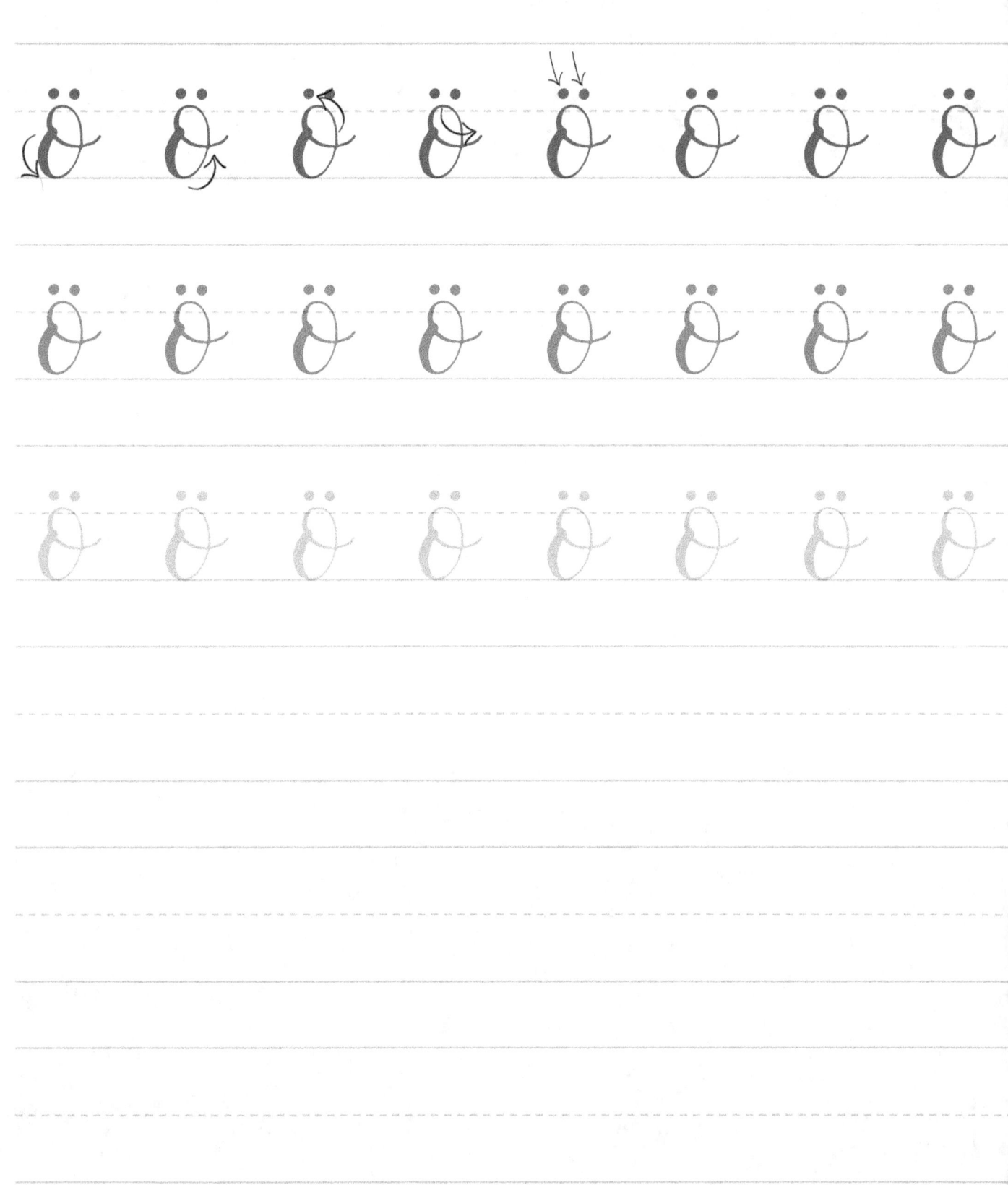

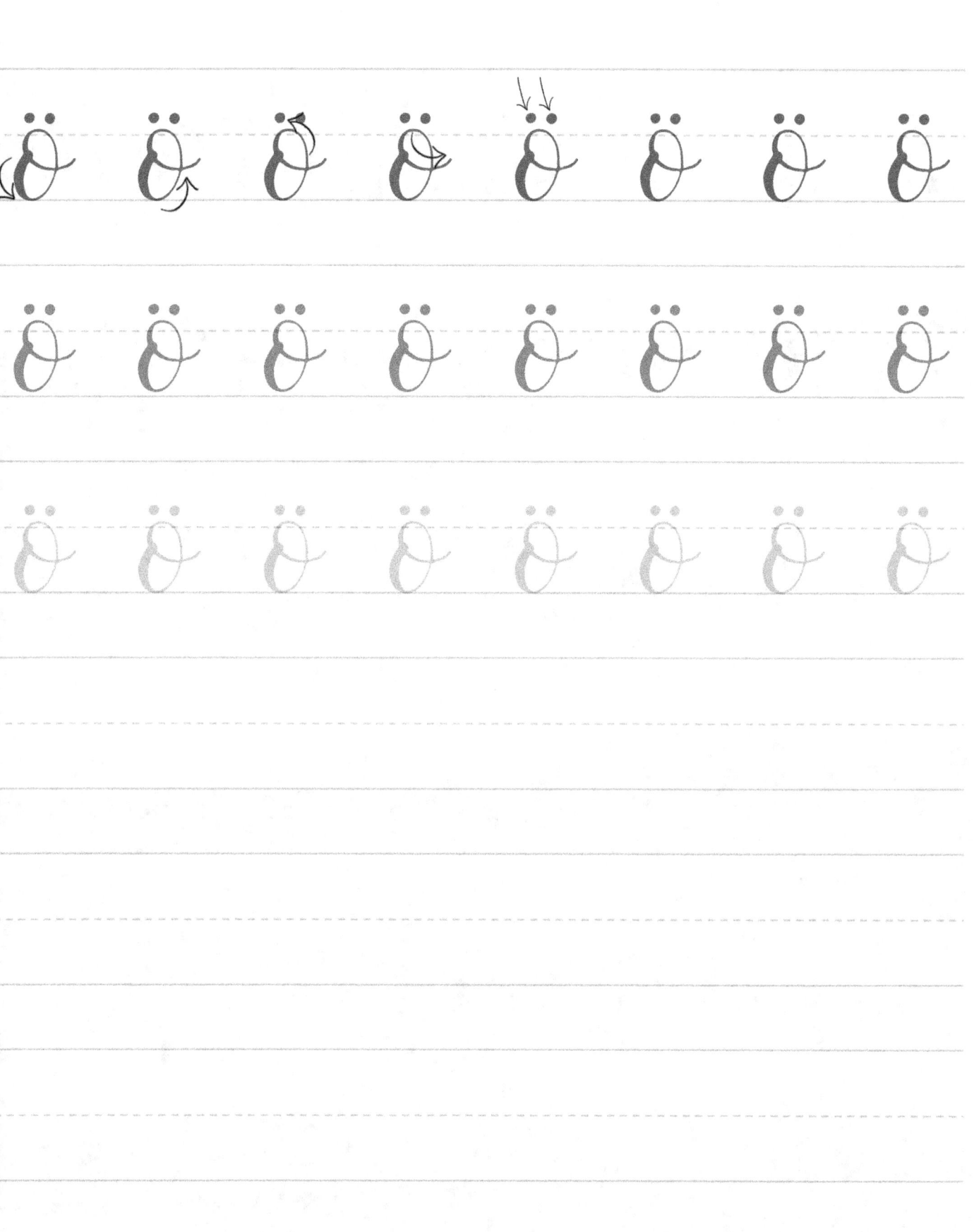

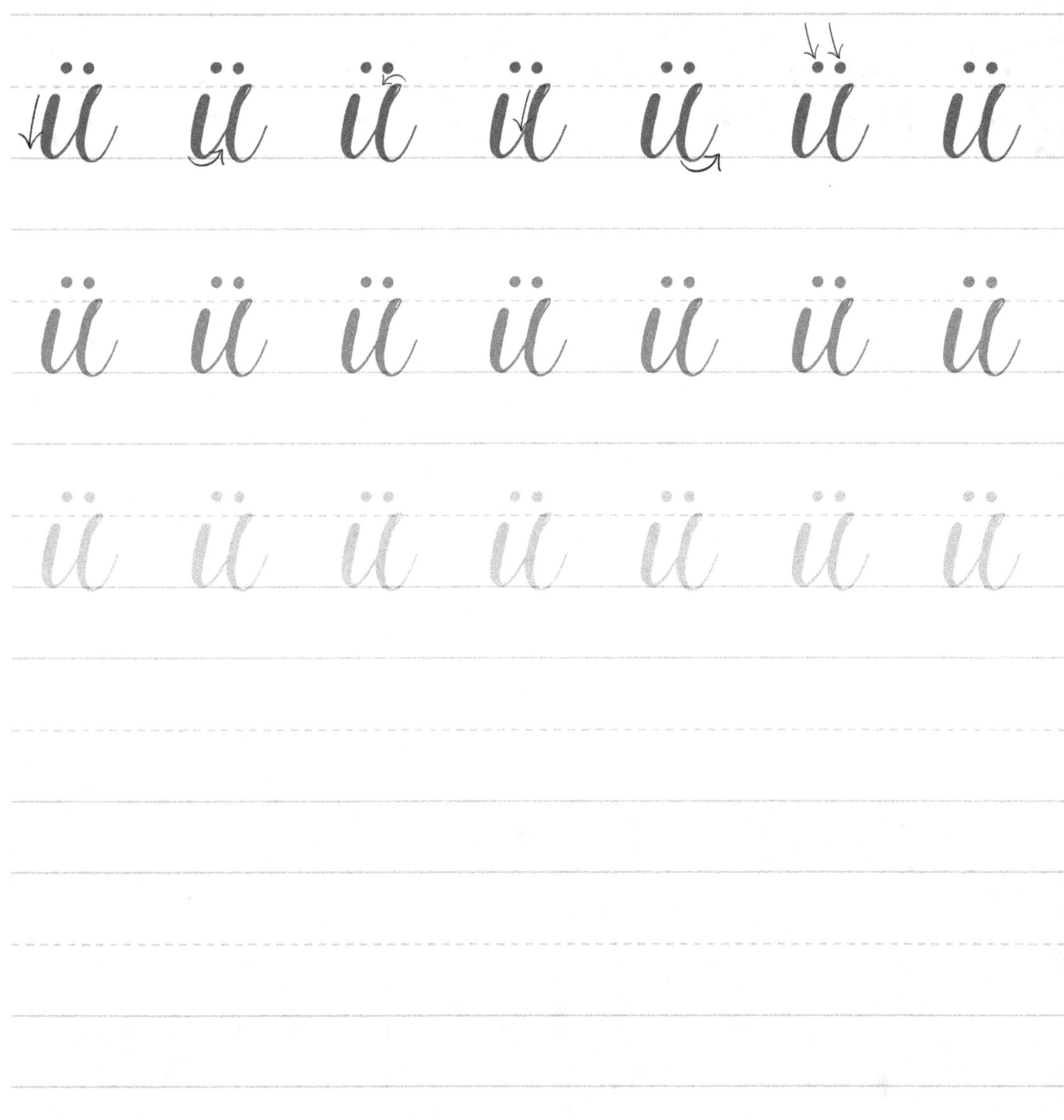

ü ü ü ü ü ü ü

ü ü ü ü ü ü ü

ü ü ü ü ü ü ü

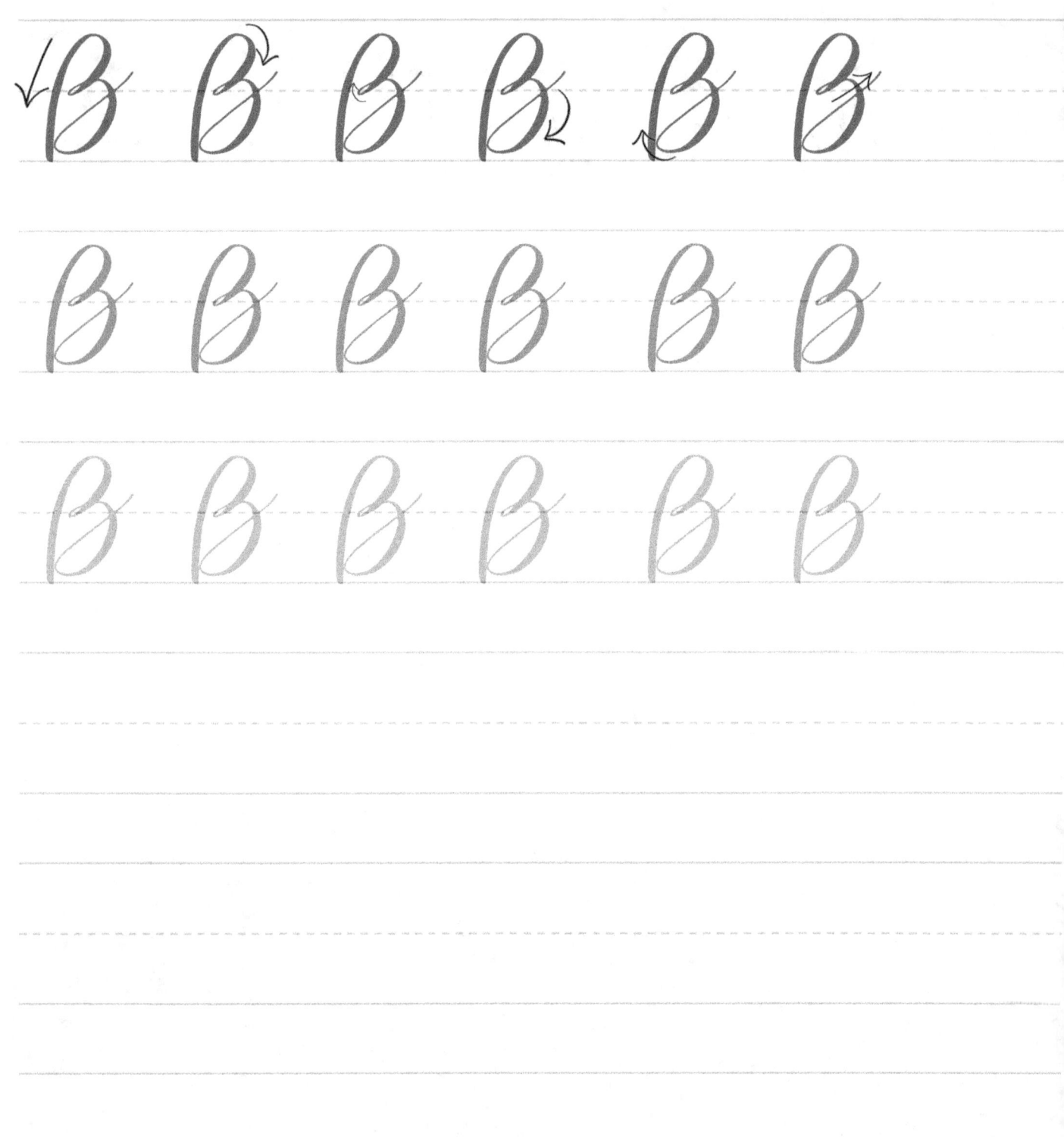

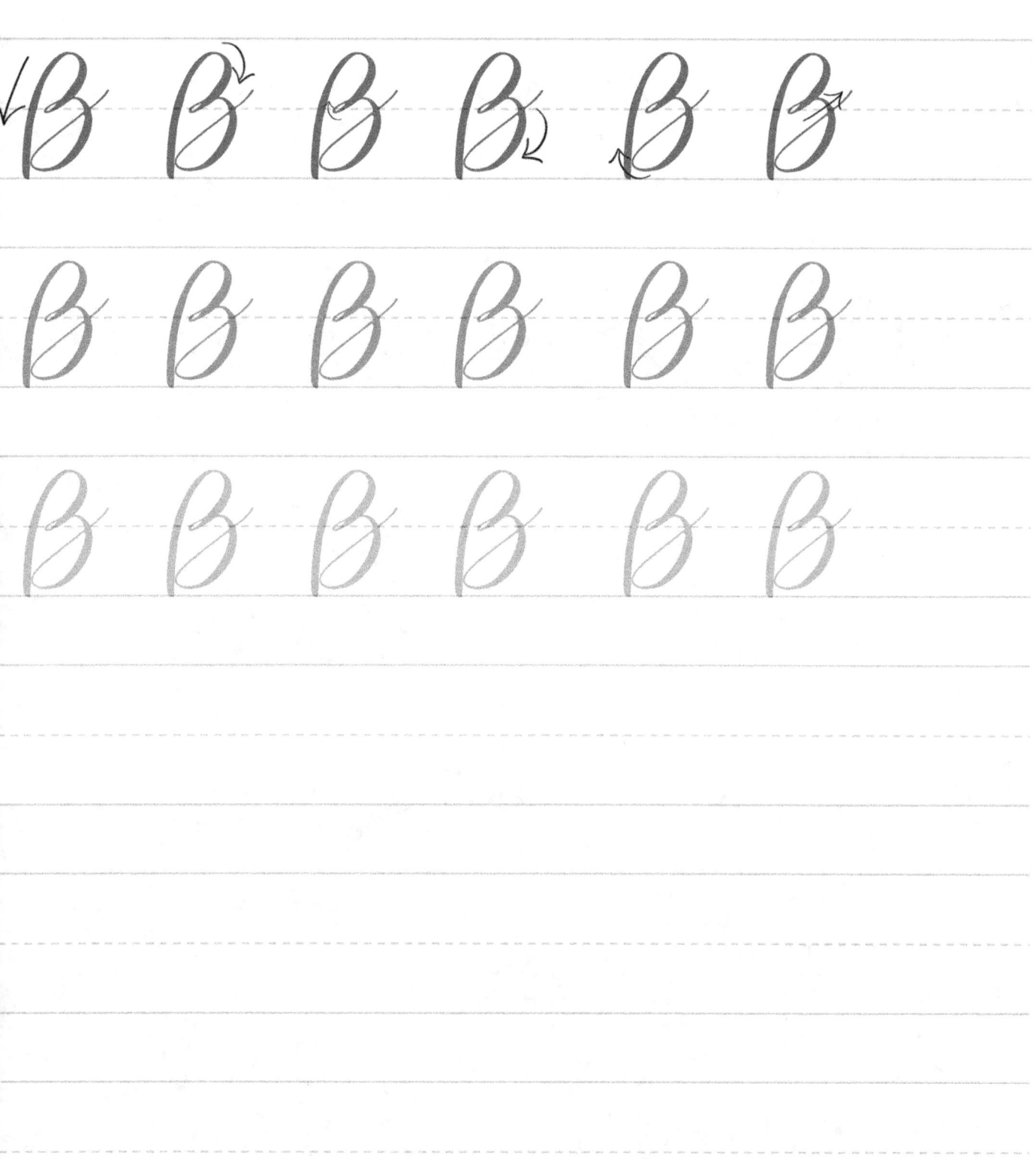

𝓑 𝓑 𝓑 𝓑 𝓑

𝓑 𝓑 𝓑 𝓑 𝓑

𝓑 𝓑 𝓑 𝓑 𝓑

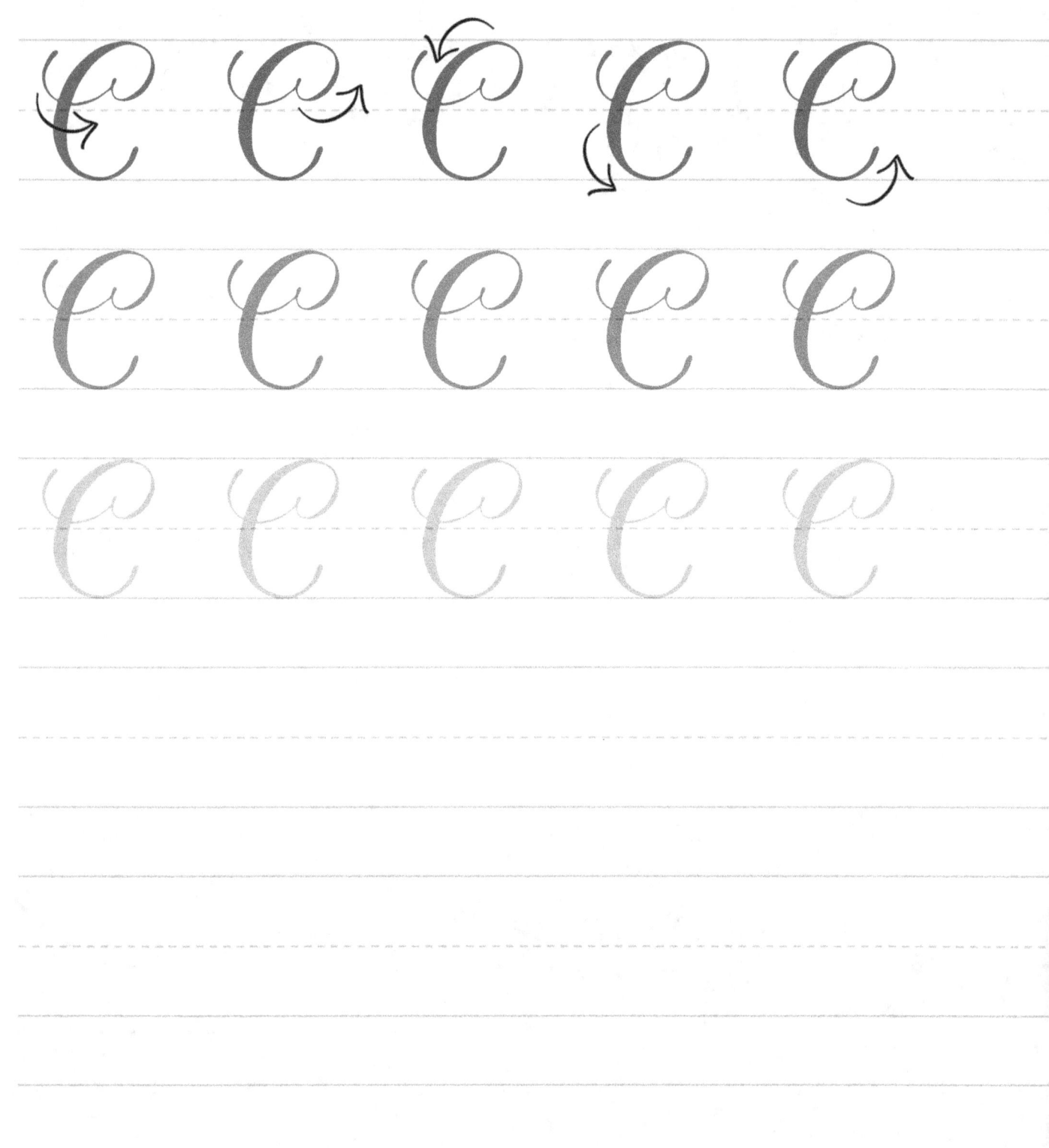

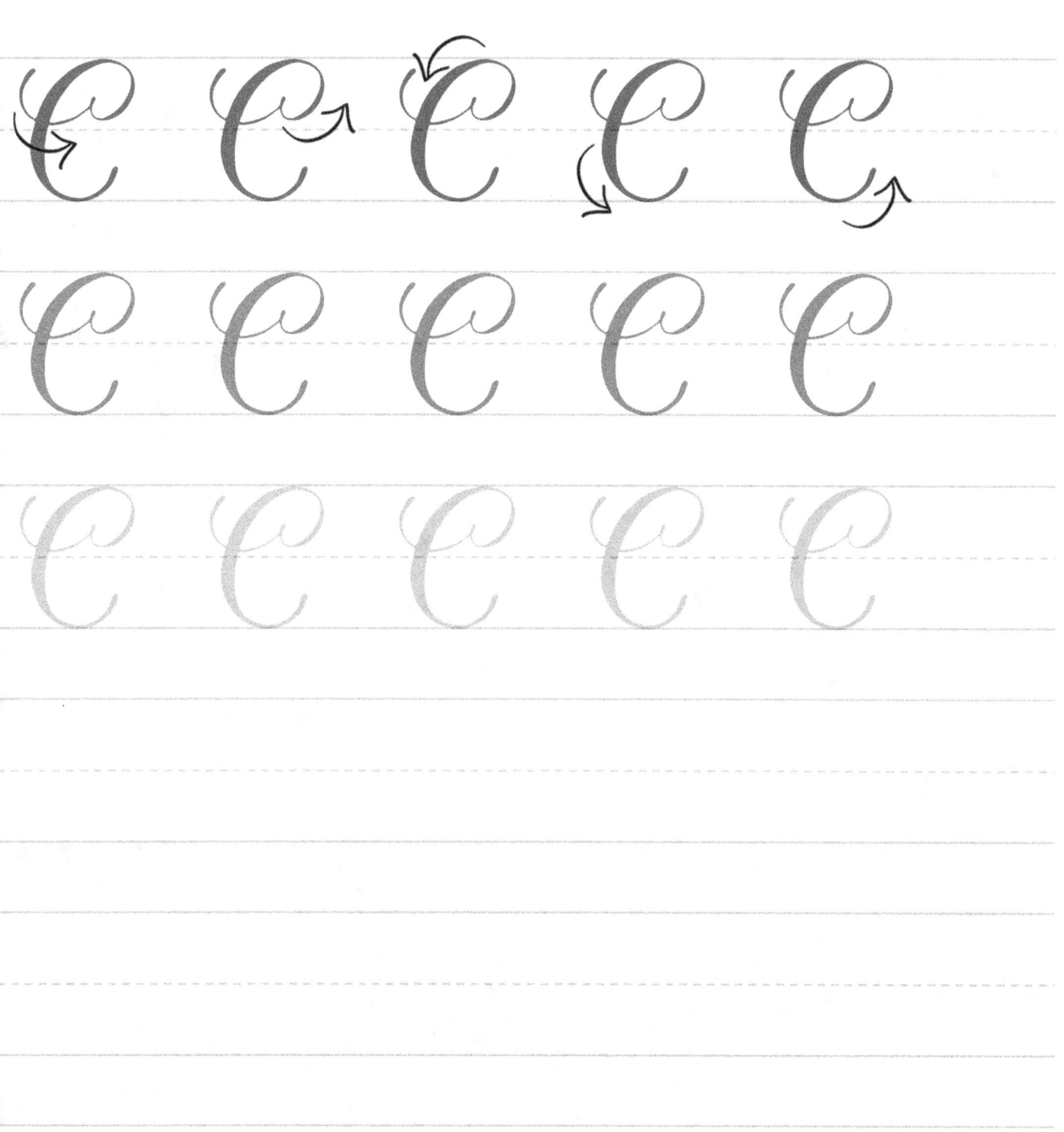

D *D* *D* *D* *D*

D *D* *D* *D* *D*

D *D* *D* *D* *D*

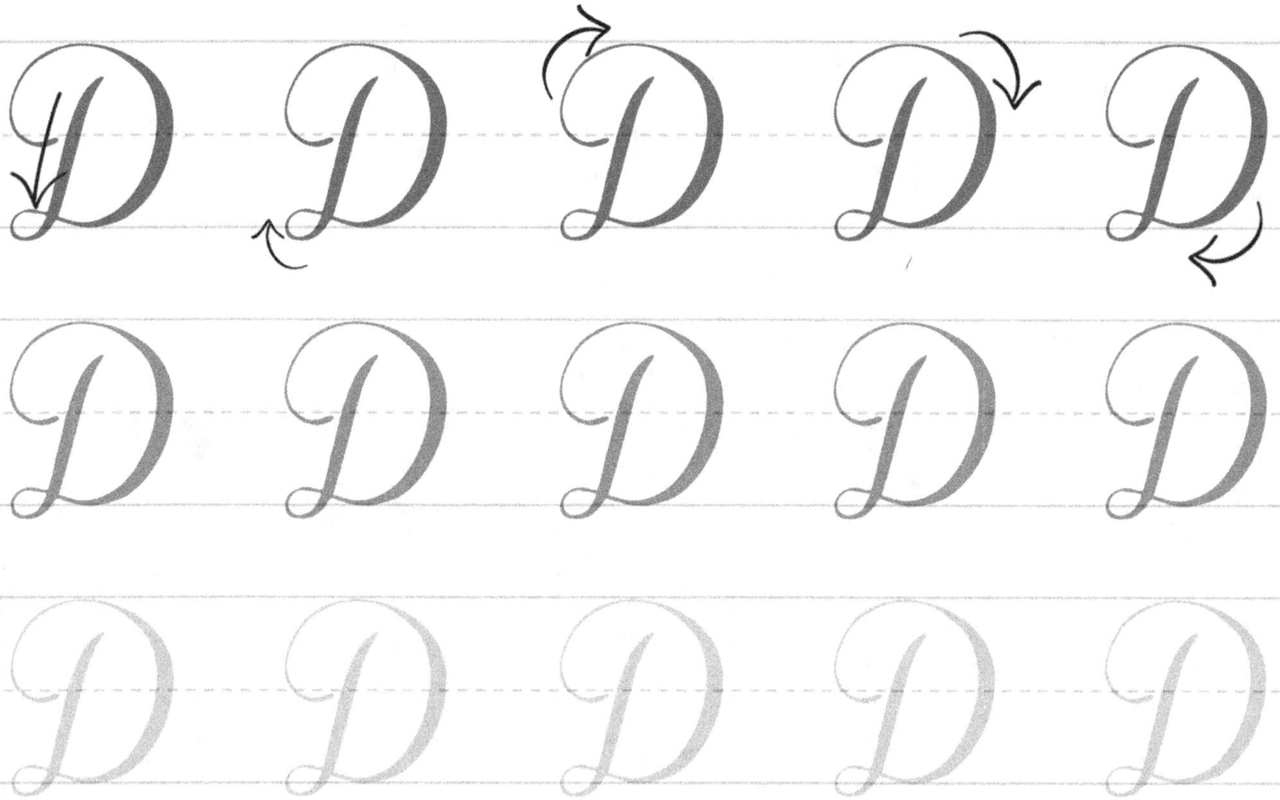

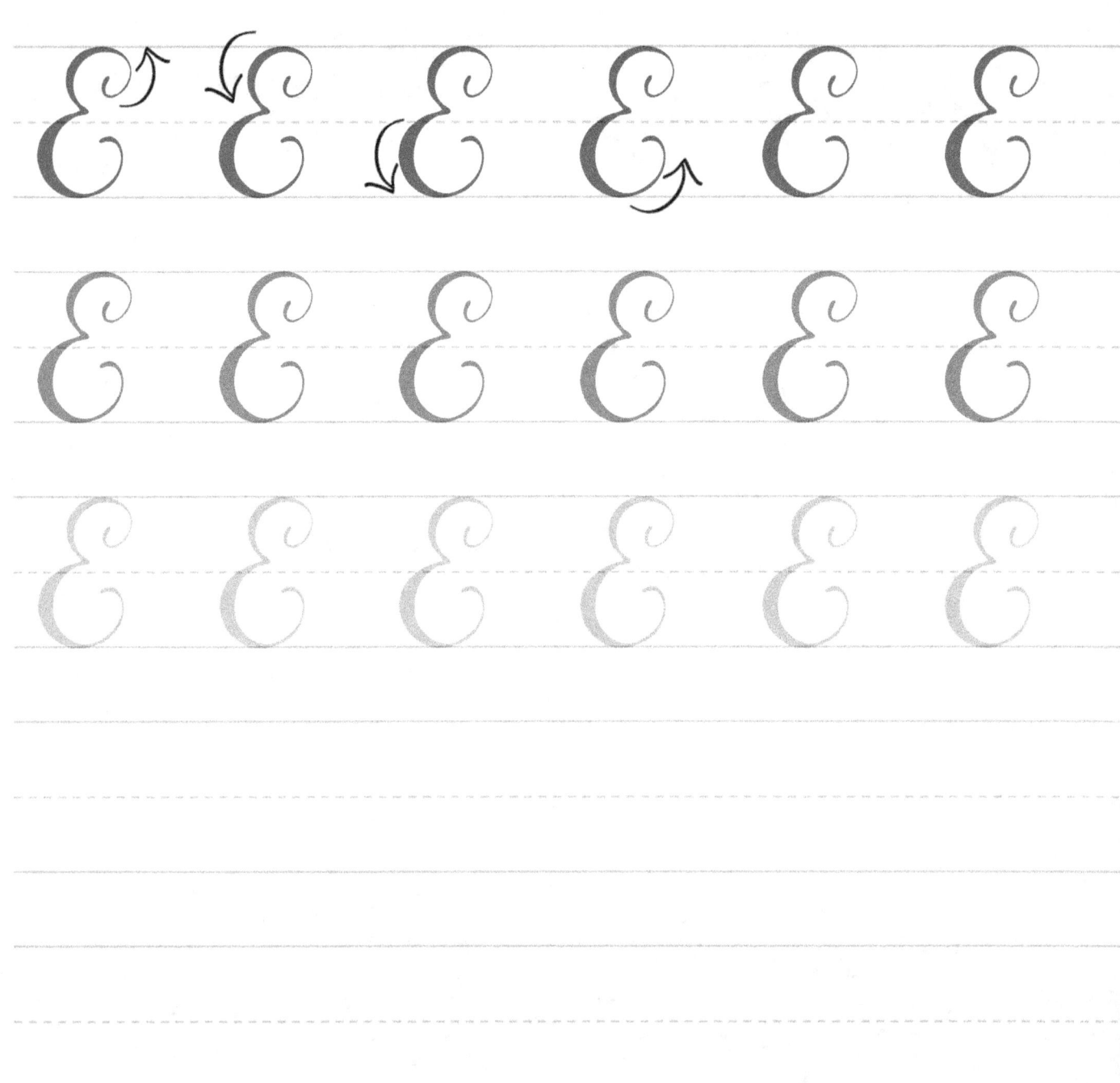

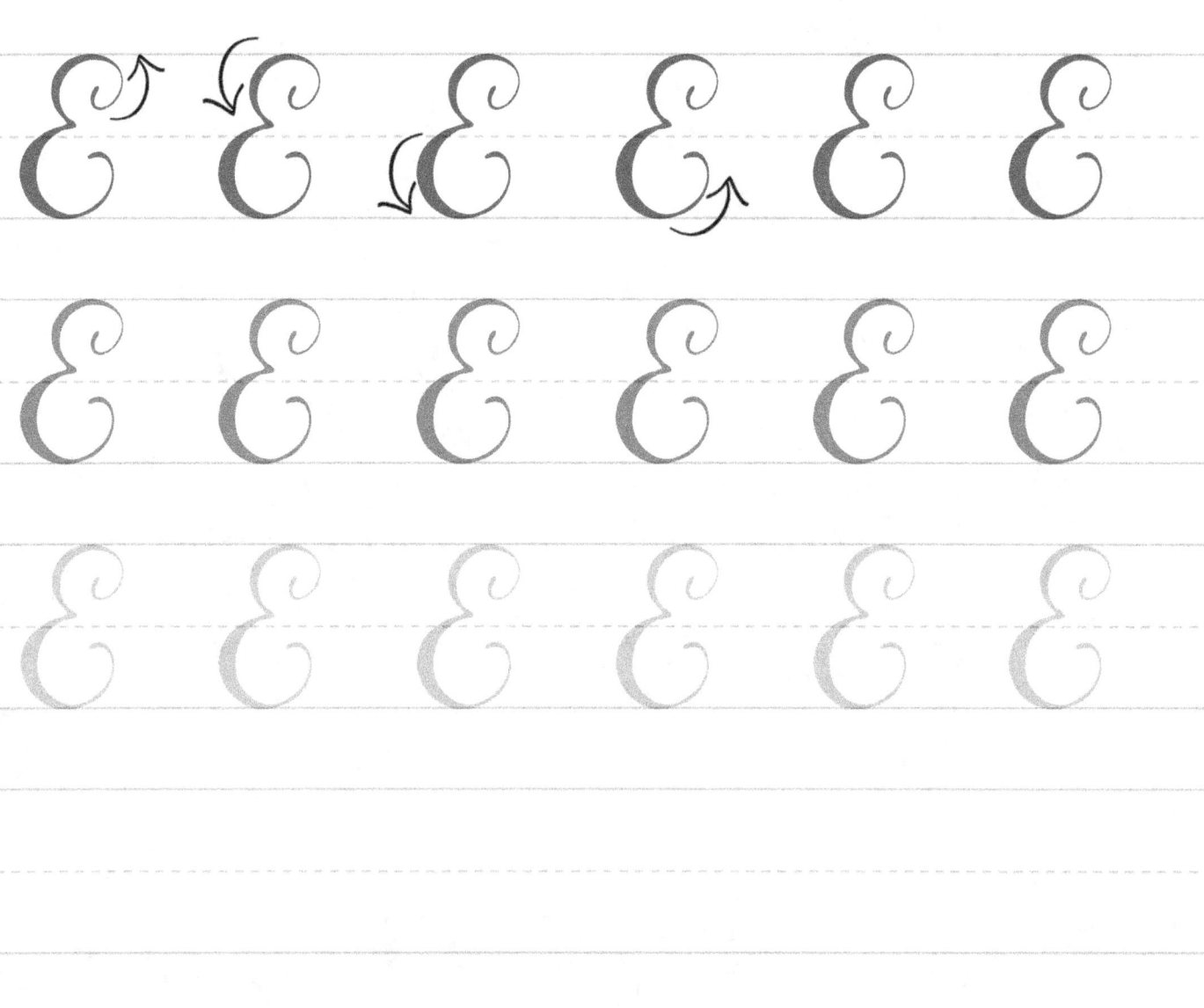

$\mathcal{F}$ $\mathcal{F}$ $\mathcal{F}$ $\mathcal{F}$ $\mathcal{F}$

$\mathcal{F}$ $\mathcal{F}$ $\mathcal{F}$ $\mathcal{F}$ $\mathcal{F}$

$\mathcal{F}$ $\mathcal{F}$ $\mathcal{F}$ $\mathcal{F}$ $\mathcal{F}$

𝒢 𝒢 𝒢 𝒢 𝒢 𝒢

𝒢 𝒢 𝒢 𝒢 𝒢 𝒢

𝒢 𝒢 𝒢 𝒢 𝒢 𝒢

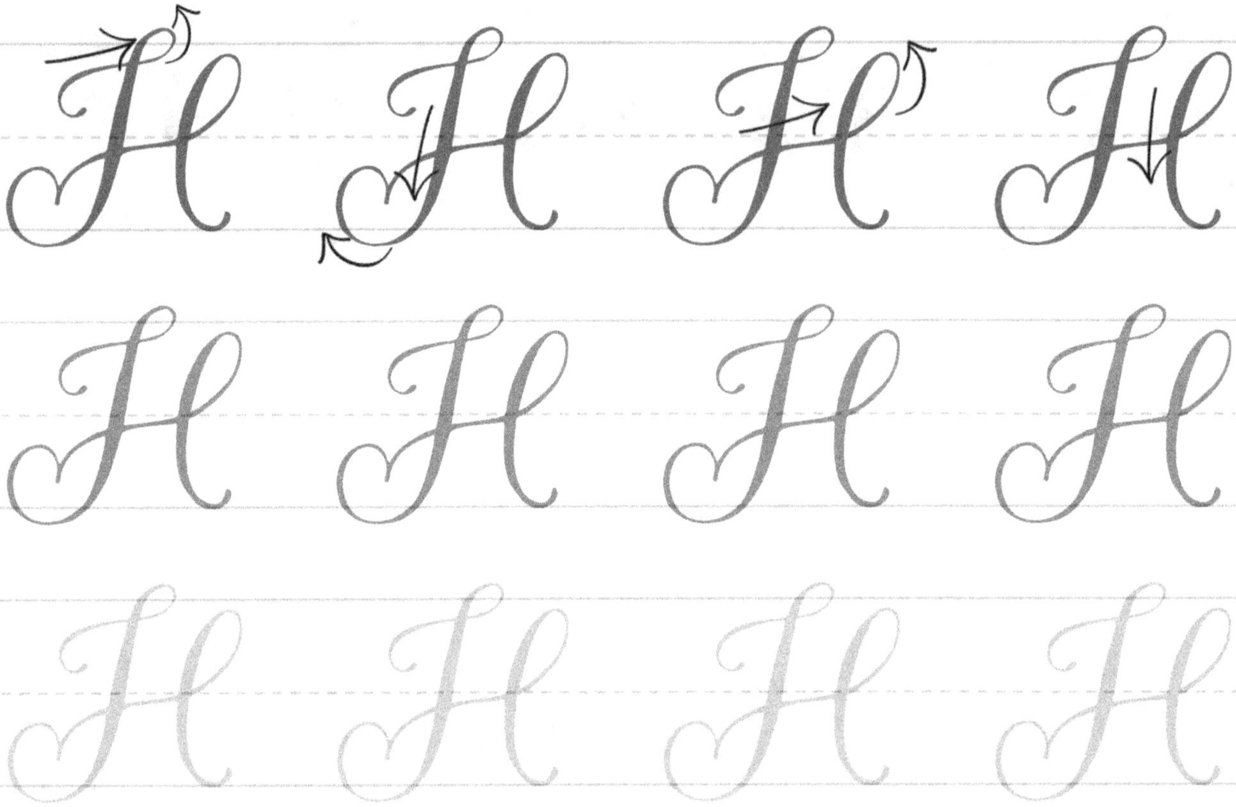
H H H H
H H H H
H H H H

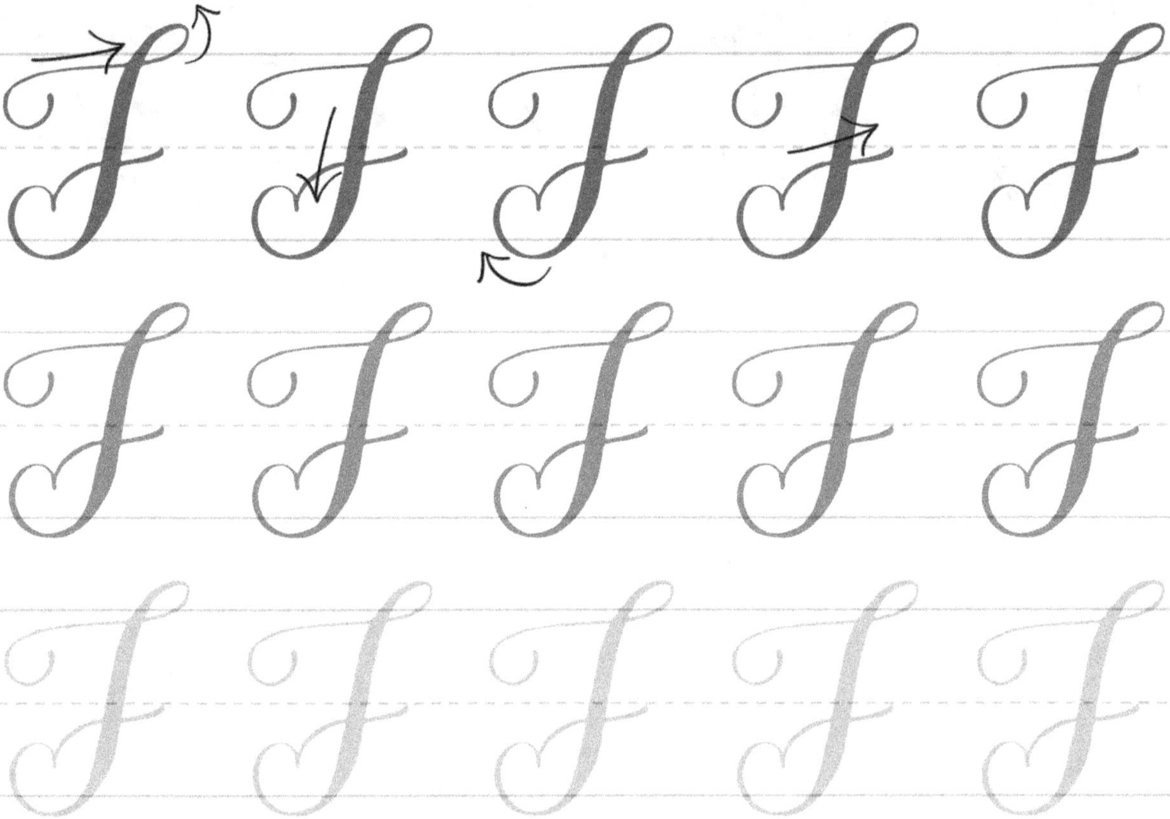

K K K K K K

K K K K K K

K K K K K K

𝒦 𝒦 𝒦 𝒦 𝒦

𝒦 𝒦 𝒦 𝒦 𝒦

𝒦 𝒦 𝒦 𝒦 𝒦

$\mathcal{L}$ $\mathcal{L}$ $\mathcal{L}$ $\mathcal{L}$ $\mathcal{L}$

$\mathcal{L}$ $\mathcal{L}$ $\mathcal{L}$ $\mathcal{L}$ $\mathcal{L}$

$\mathcal{L}$ $\mathcal{L}$ $\mathcal{L}$ $\mathcal{L}$ $\mathcal{L}$

$\mathscr{L}$ $\mathscr{L}$ $\mathscr{L}$ $\mathscr{L}$ $\mathscr{L}$

$\mathscr{L}$ $\mathscr{L}$ $\mathscr{L}$ $\mathscr{L}$ $\mathscr{L}$

$\mathscr{L}$ $\mathscr{L}$ $\mathscr{L}$ $\mathscr{L}$ $\mathscr{L}$

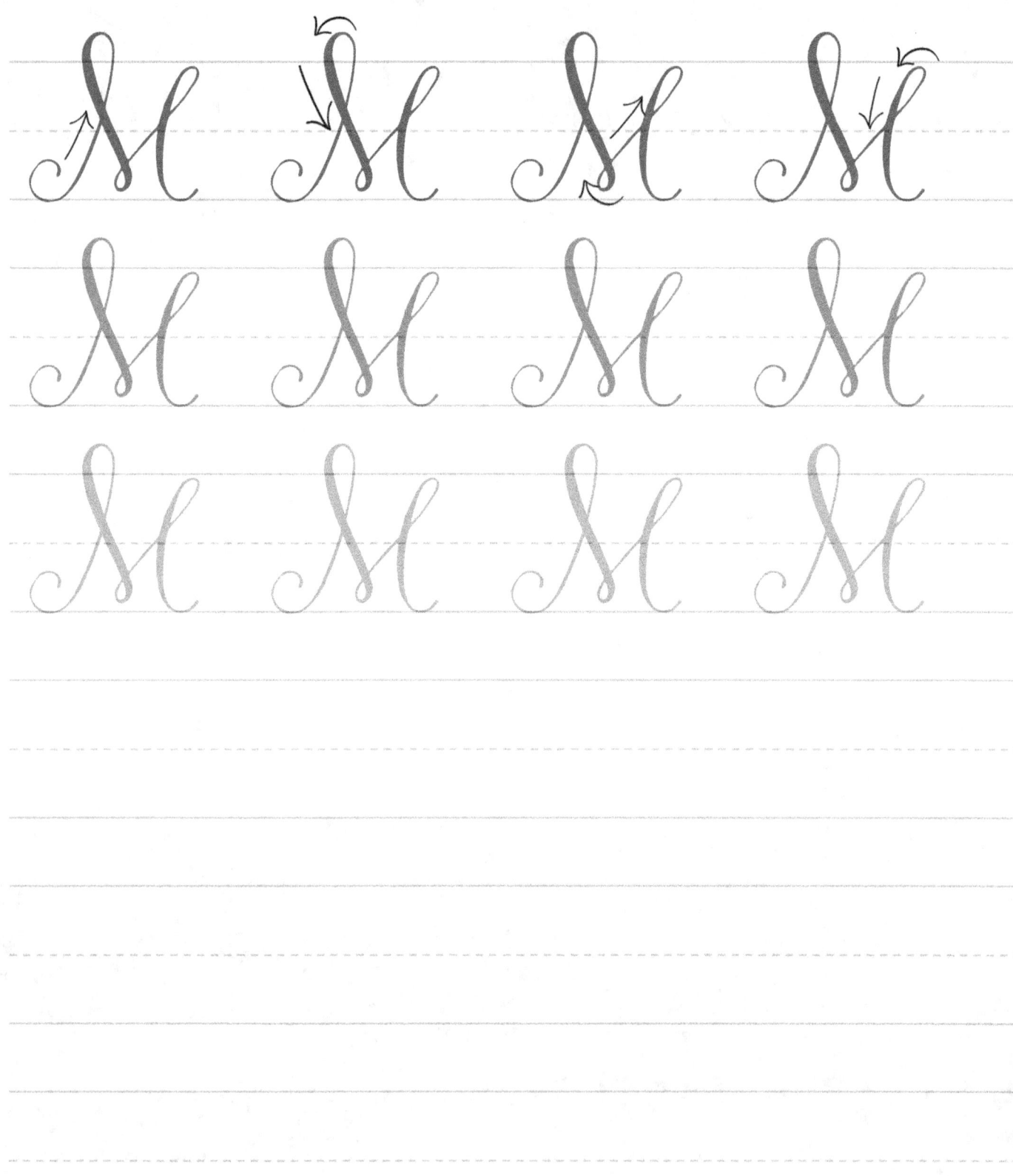

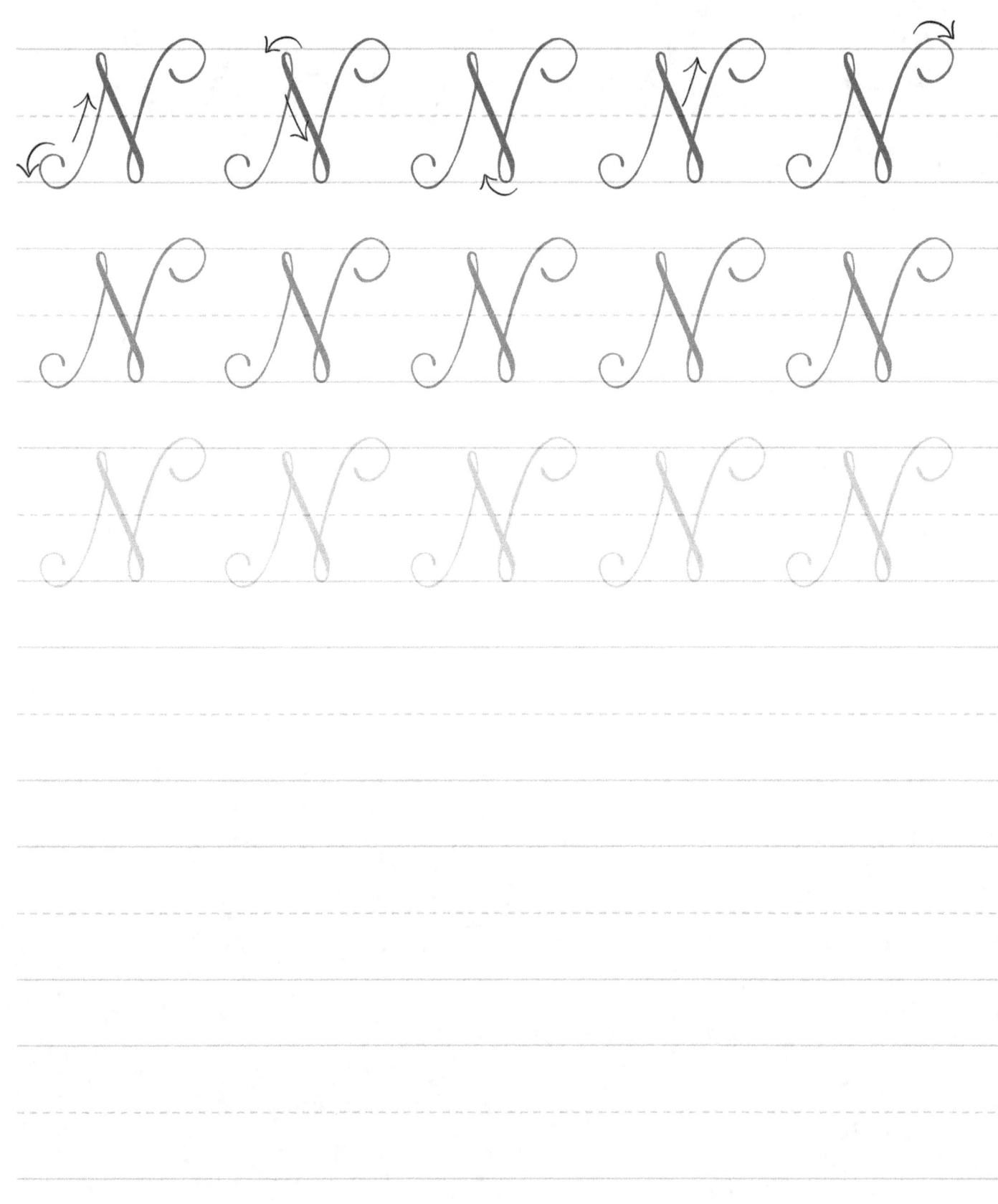

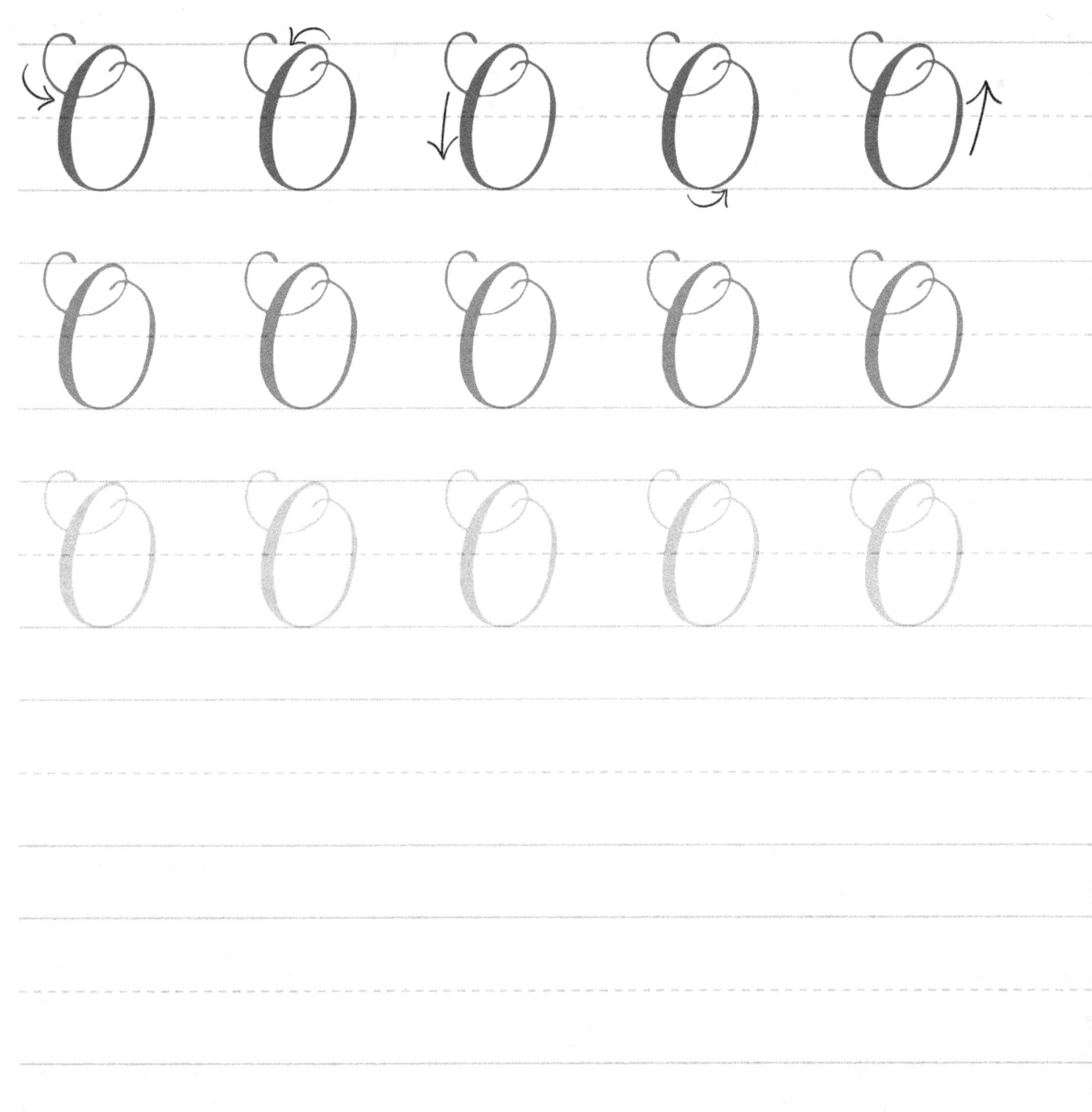

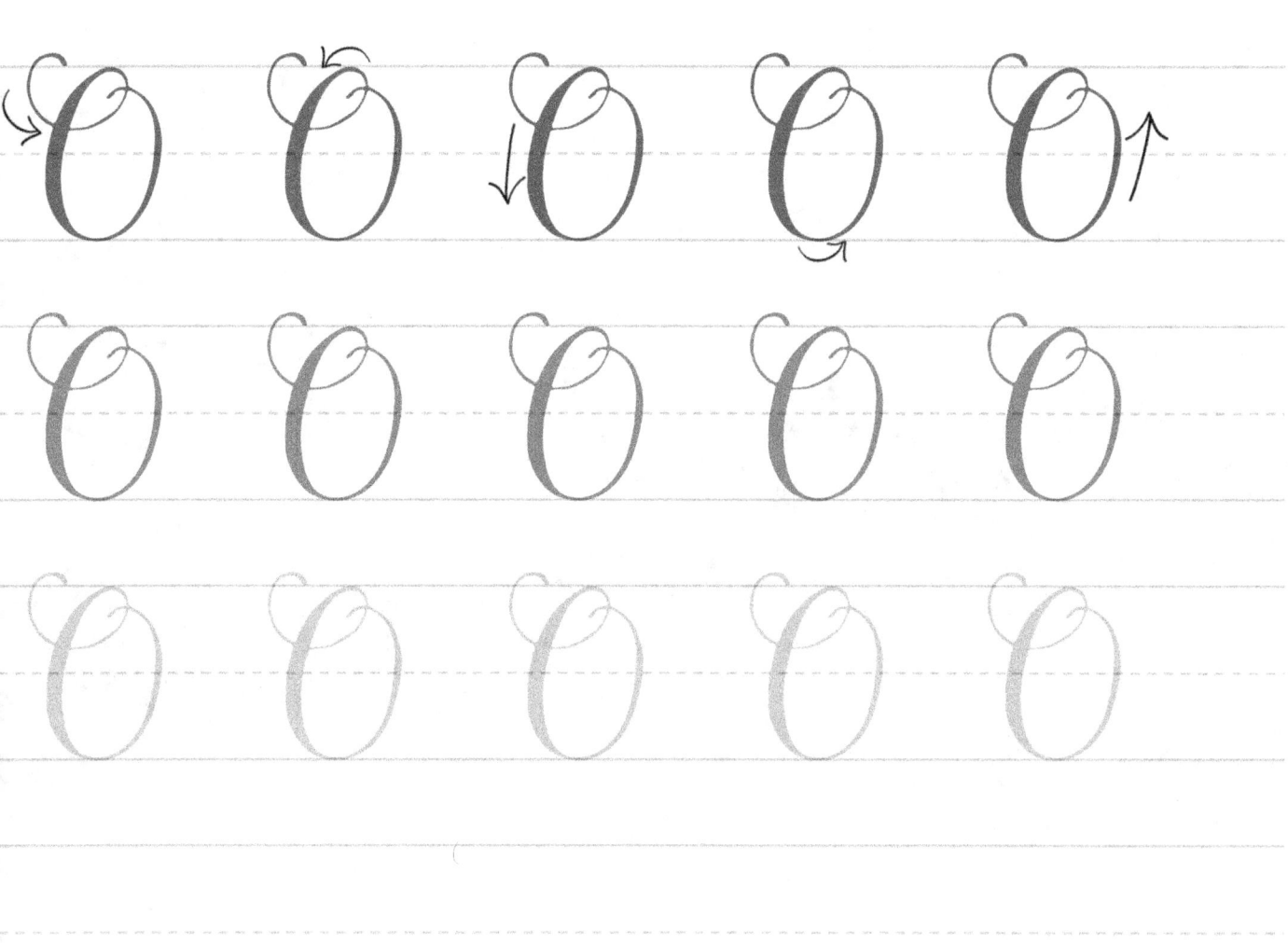

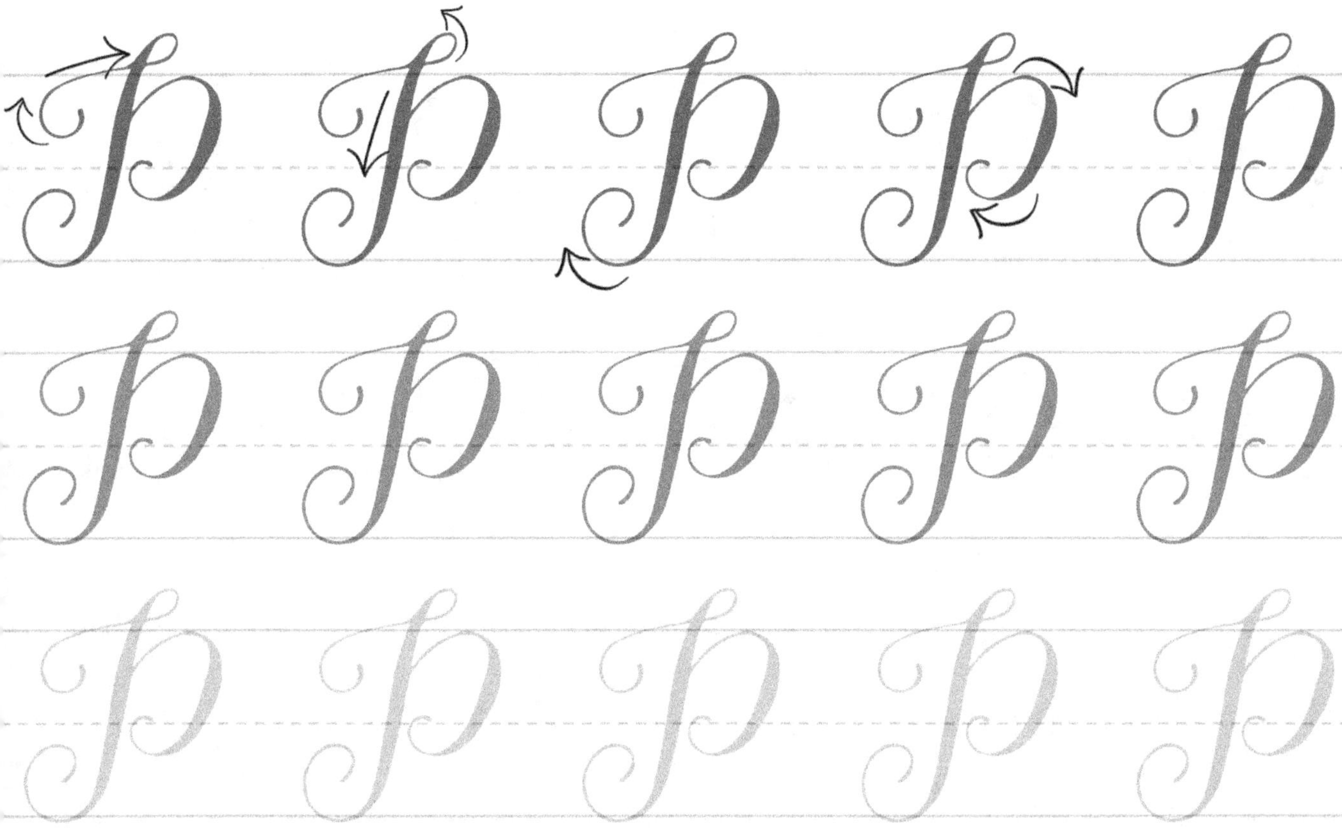

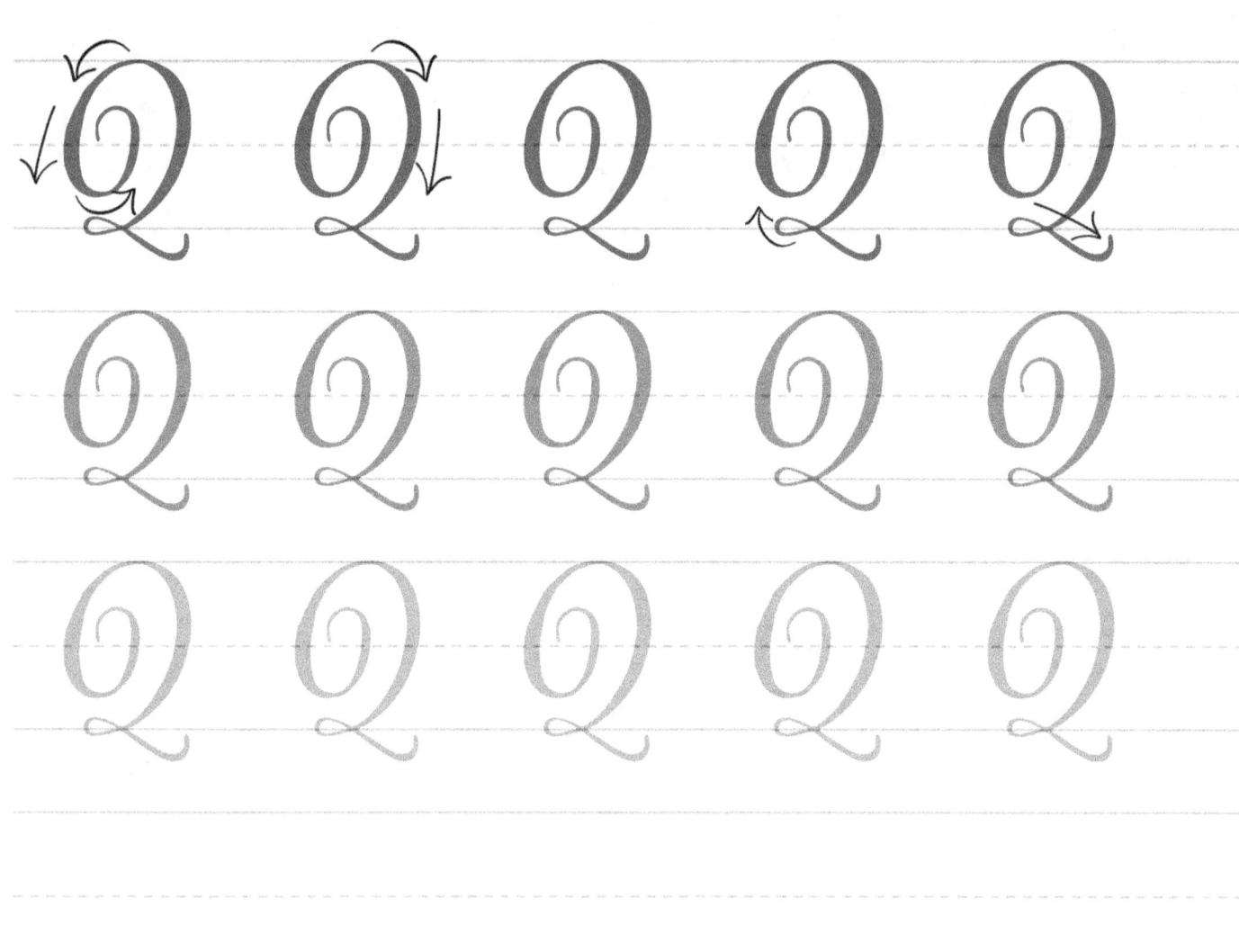

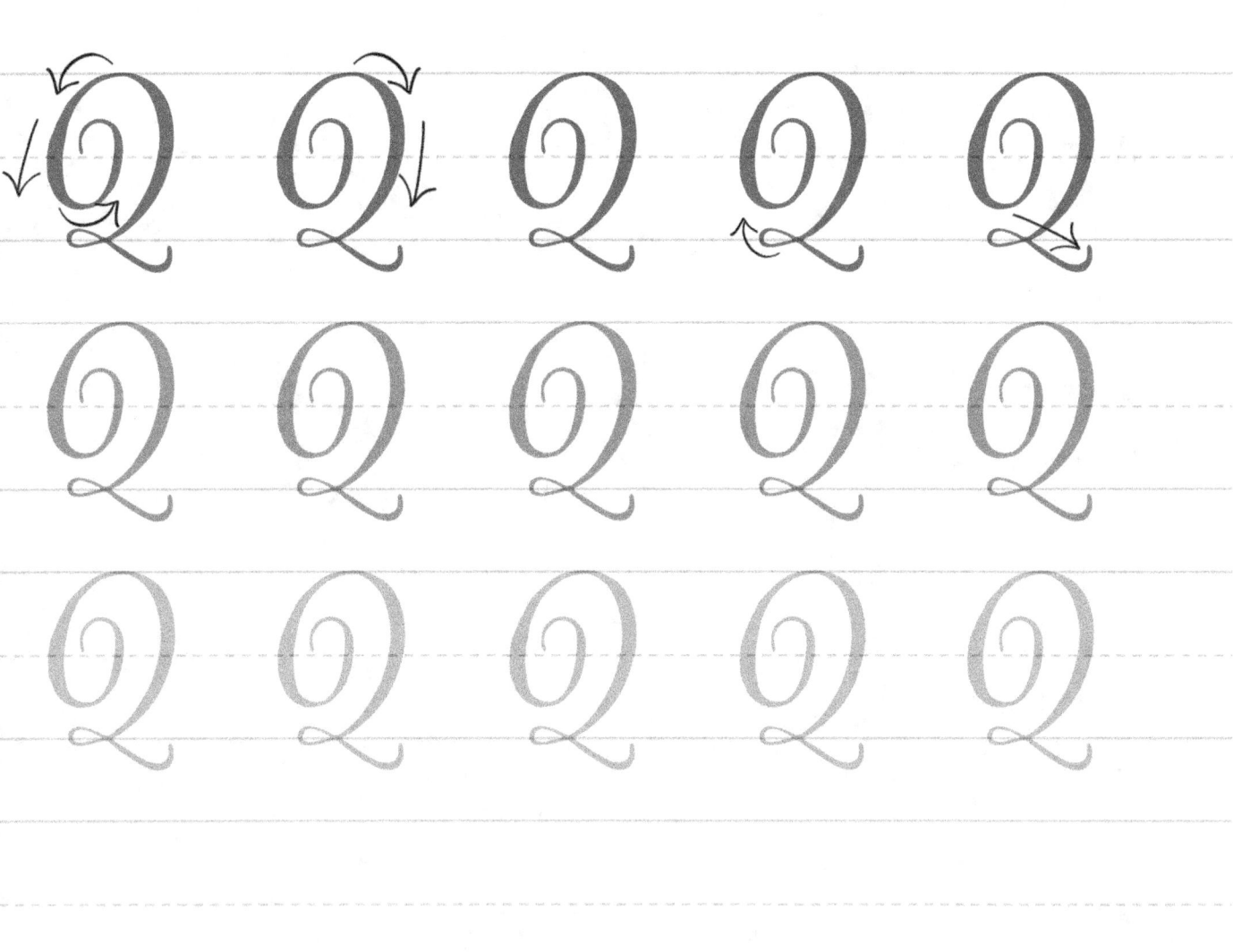

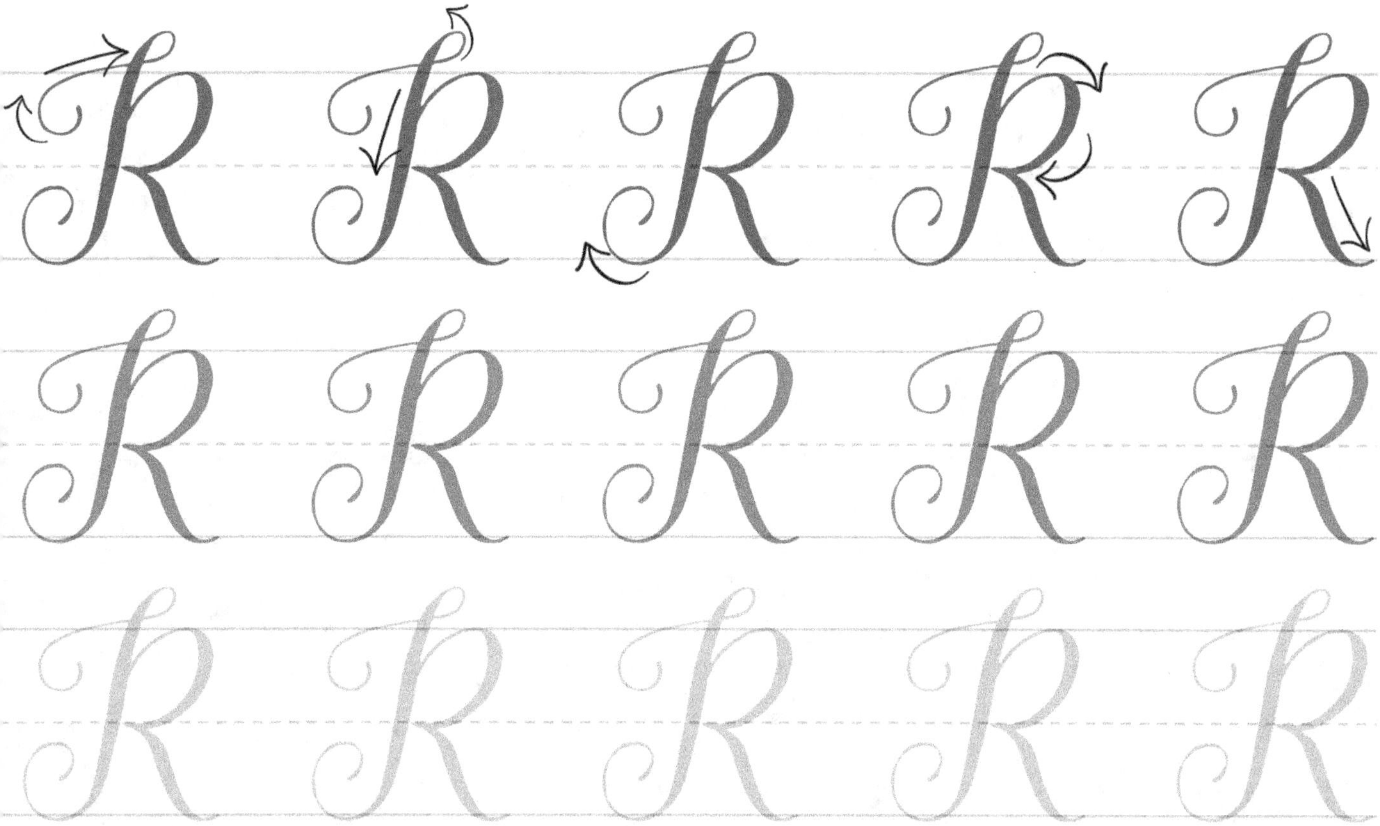

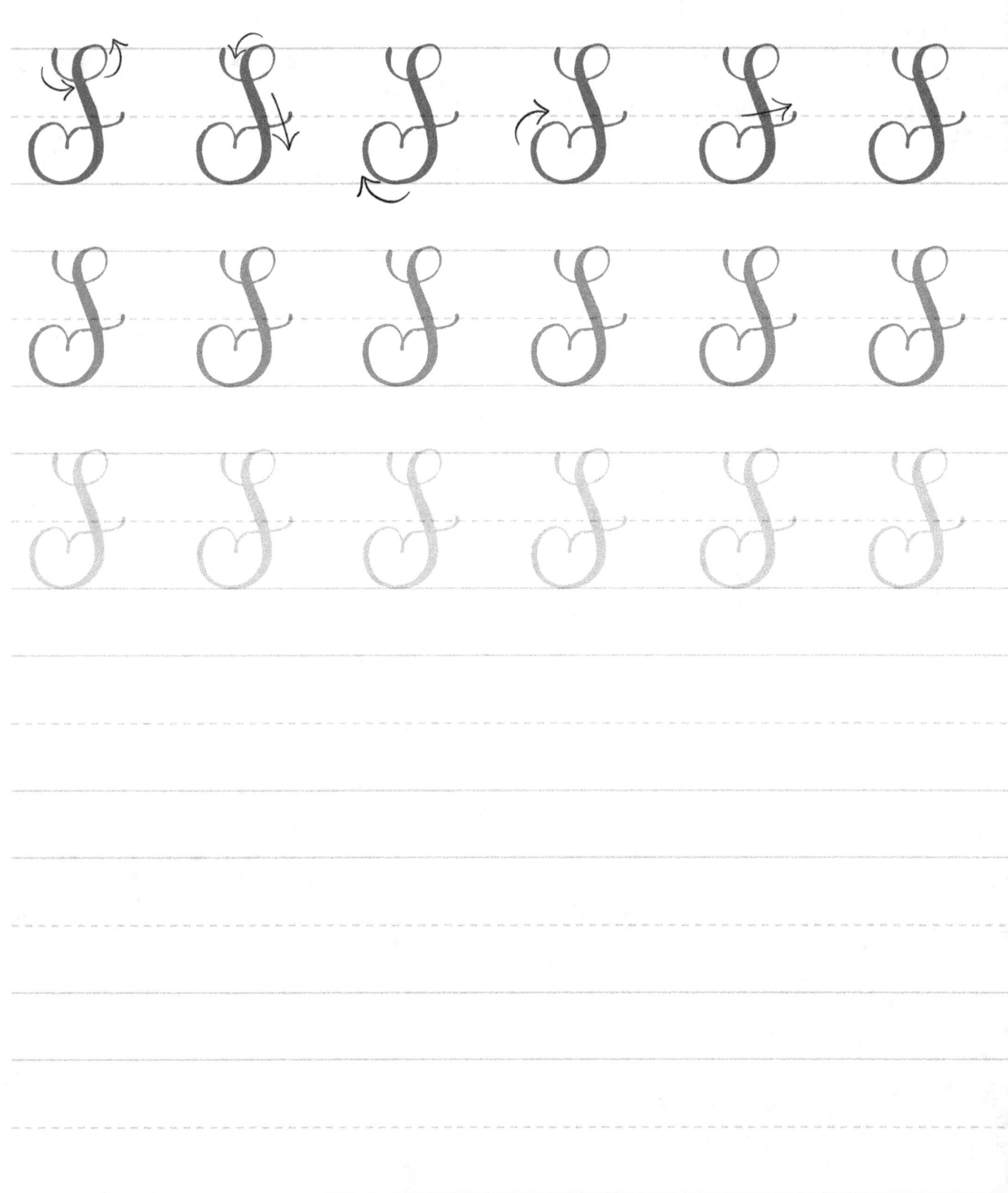

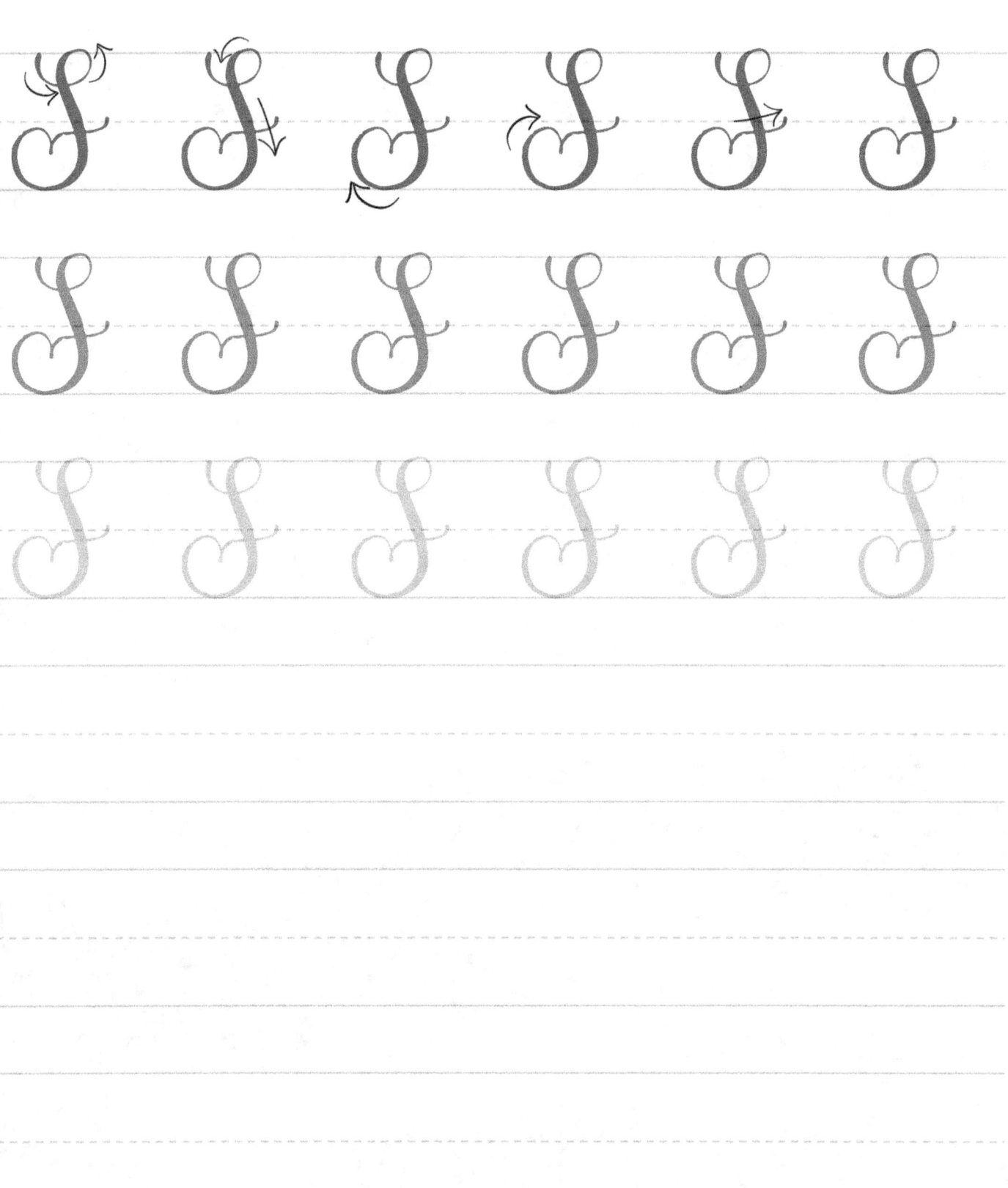

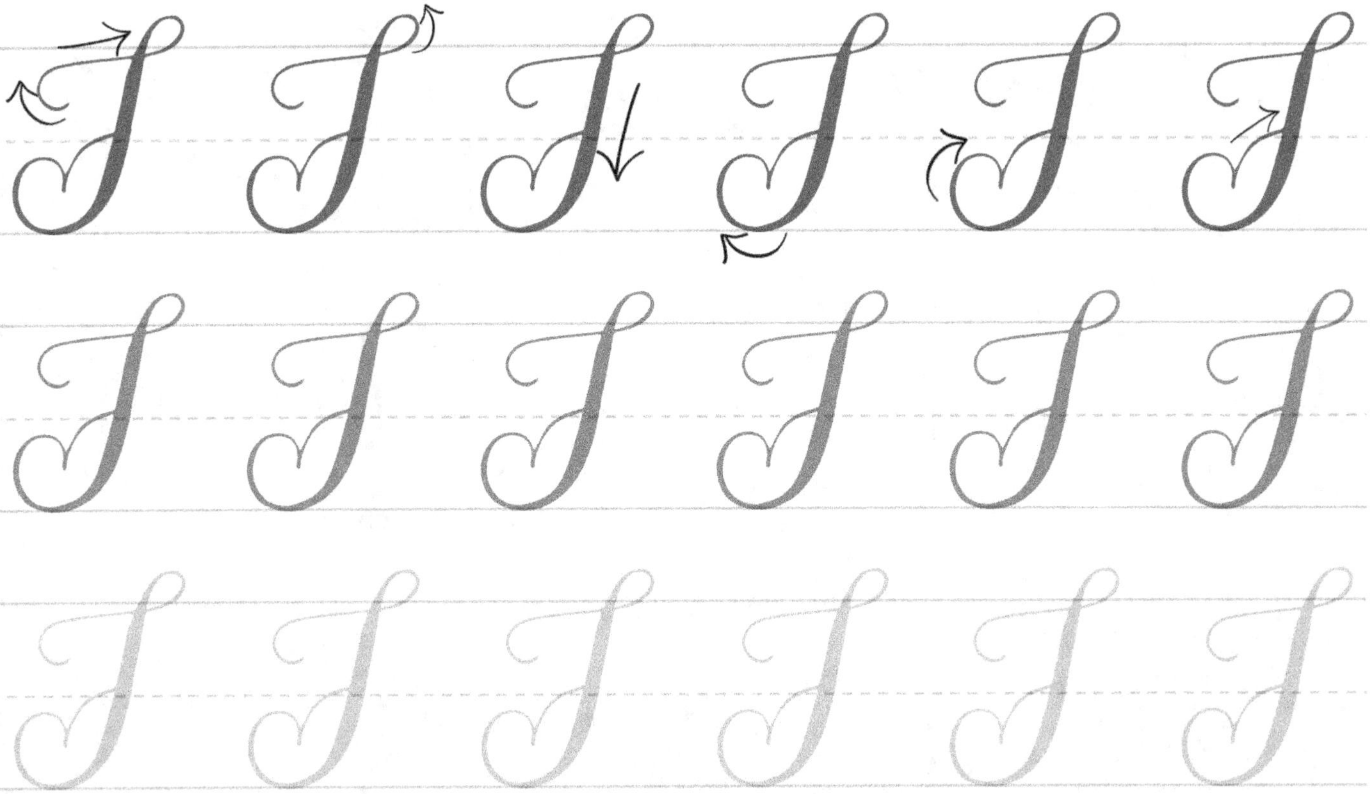

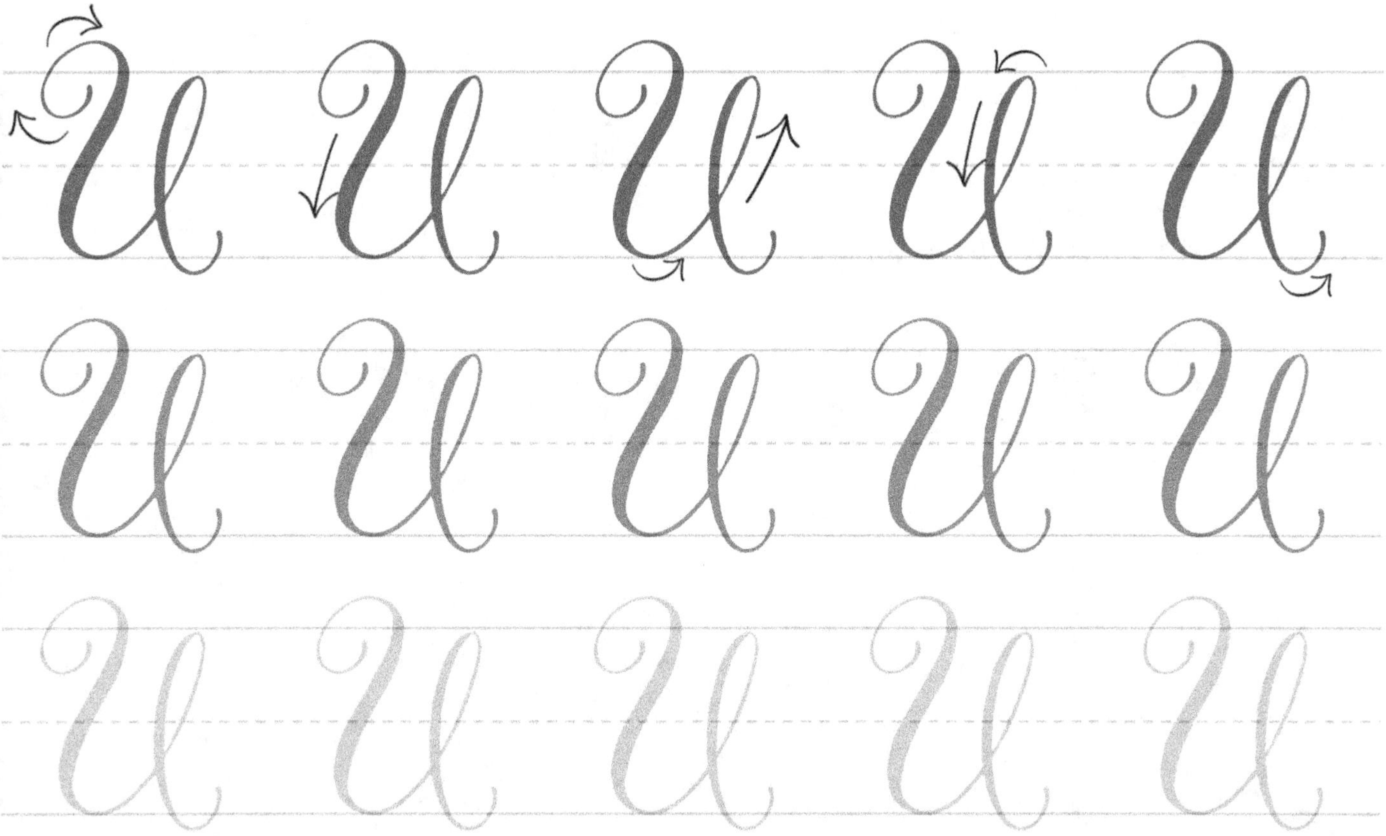

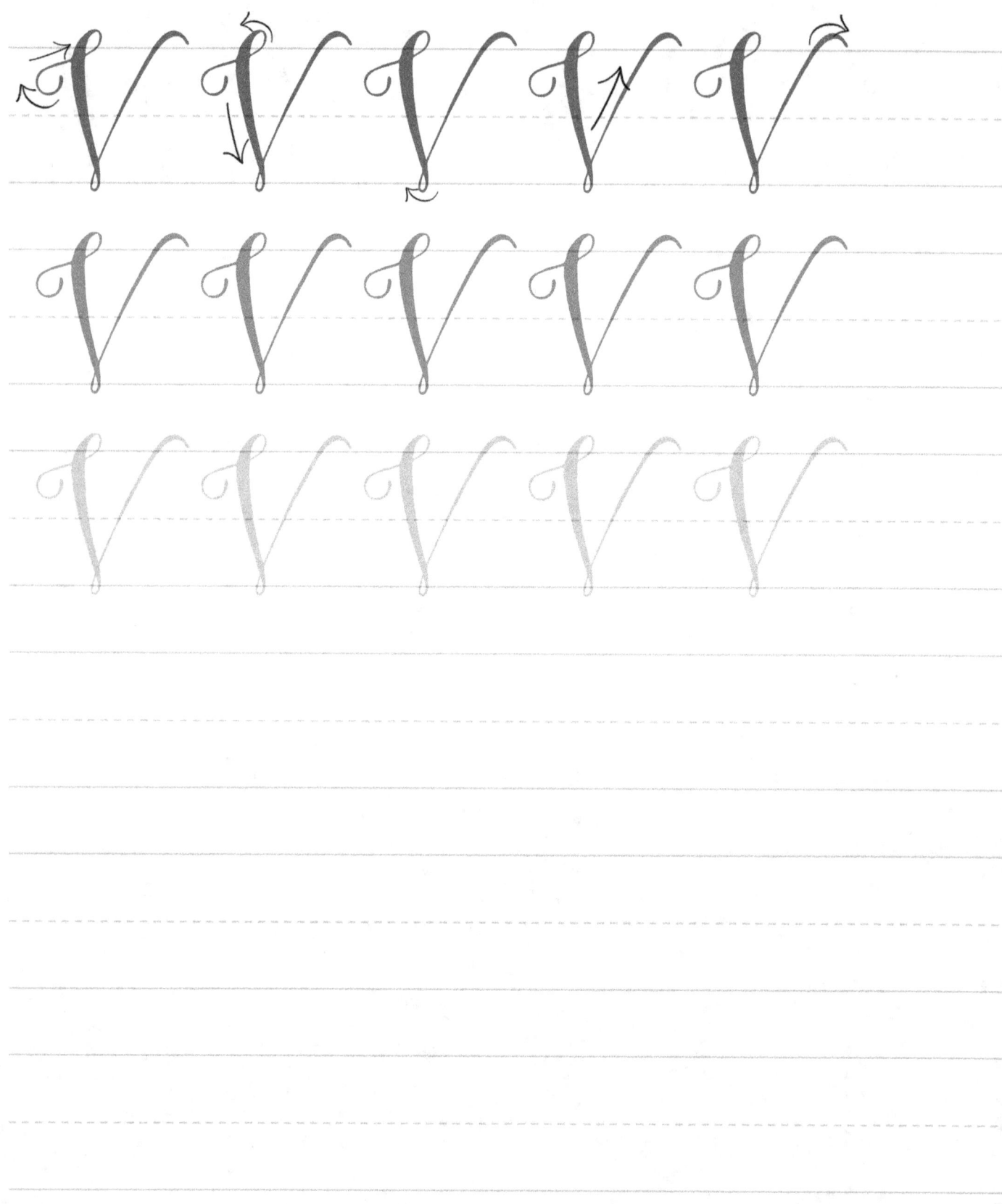

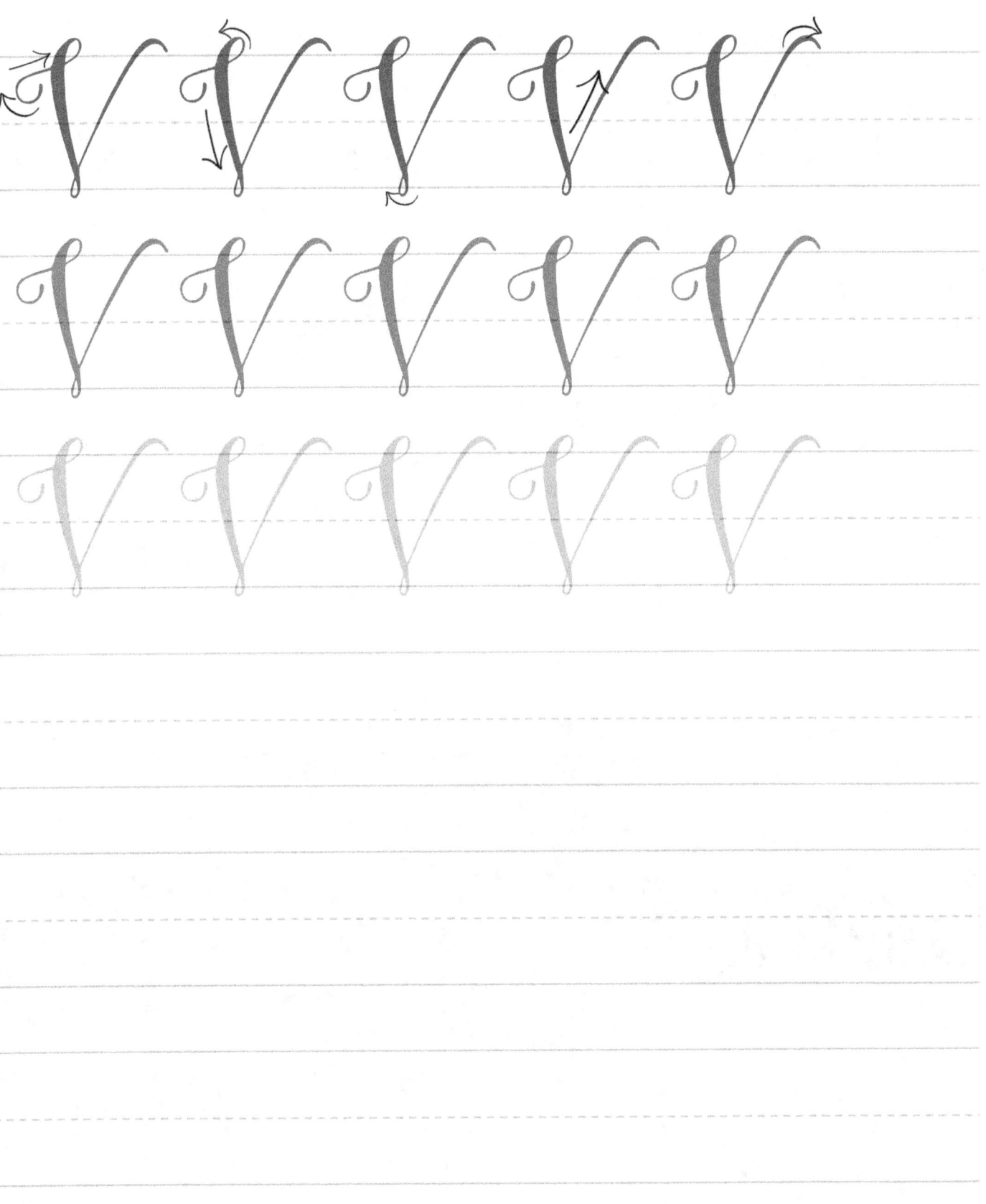

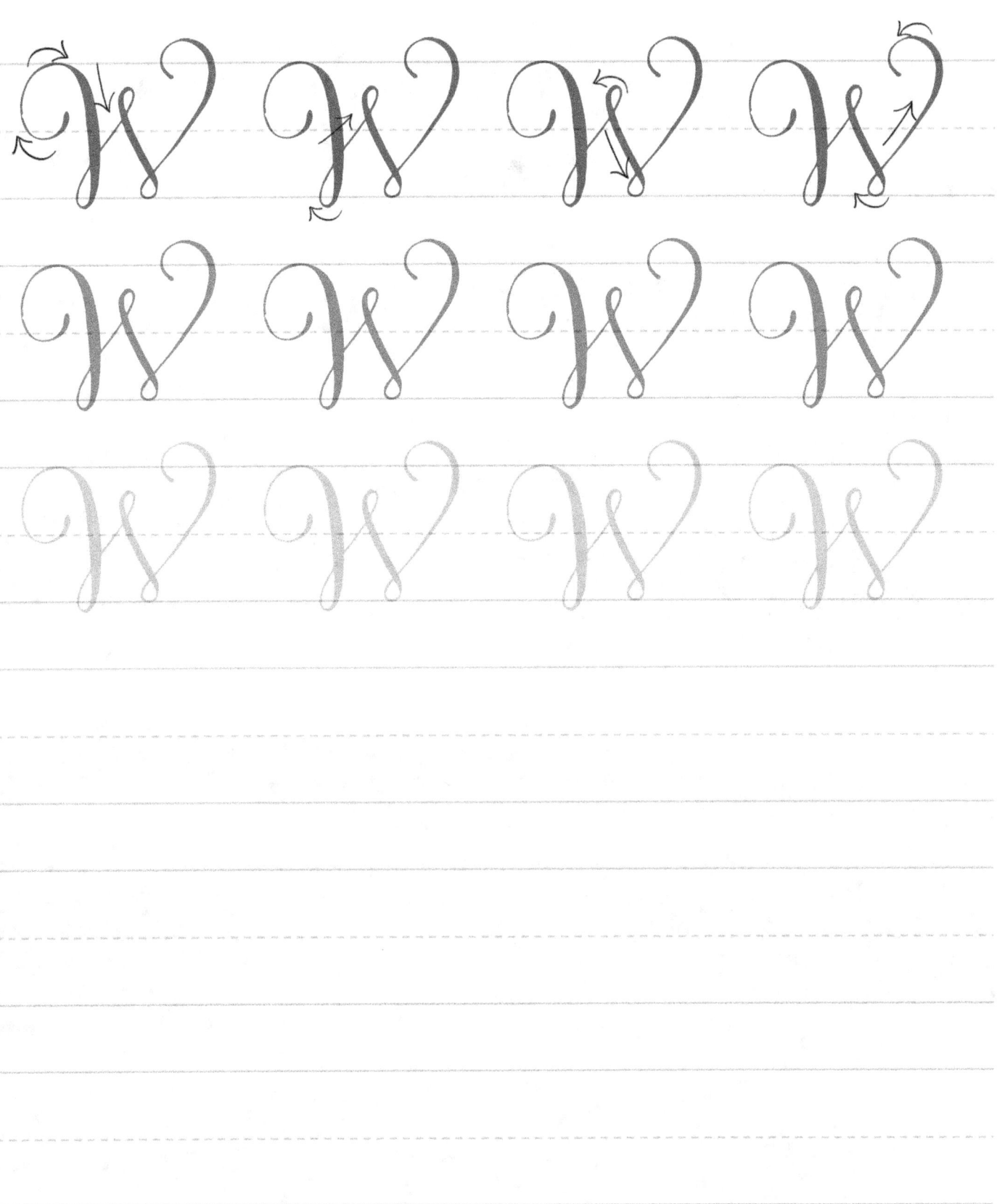

𝒴 𝒴 𝒴 𝒴 𝒴 𝒴

𝒴 𝒴 𝒴 𝒴 𝒴 𝒴

𝒴 𝒴 𝒴 𝒴 𝒴 𝒴

𝒴 𝒴 𝒴 𝒴 𝒴 𝒴

𝒴 𝒴 𝒴 𝒴 𝒴 𝒴

𝒴 𝒴 𝒴 𝒴 𝒴 𝒴

3 3 3 3 3 3

3 3 3 3 3 3

3 3 3 3 3 3

3 3 3 3 3 3

3 3 3 3 3 3

3 3 3 3 3 3

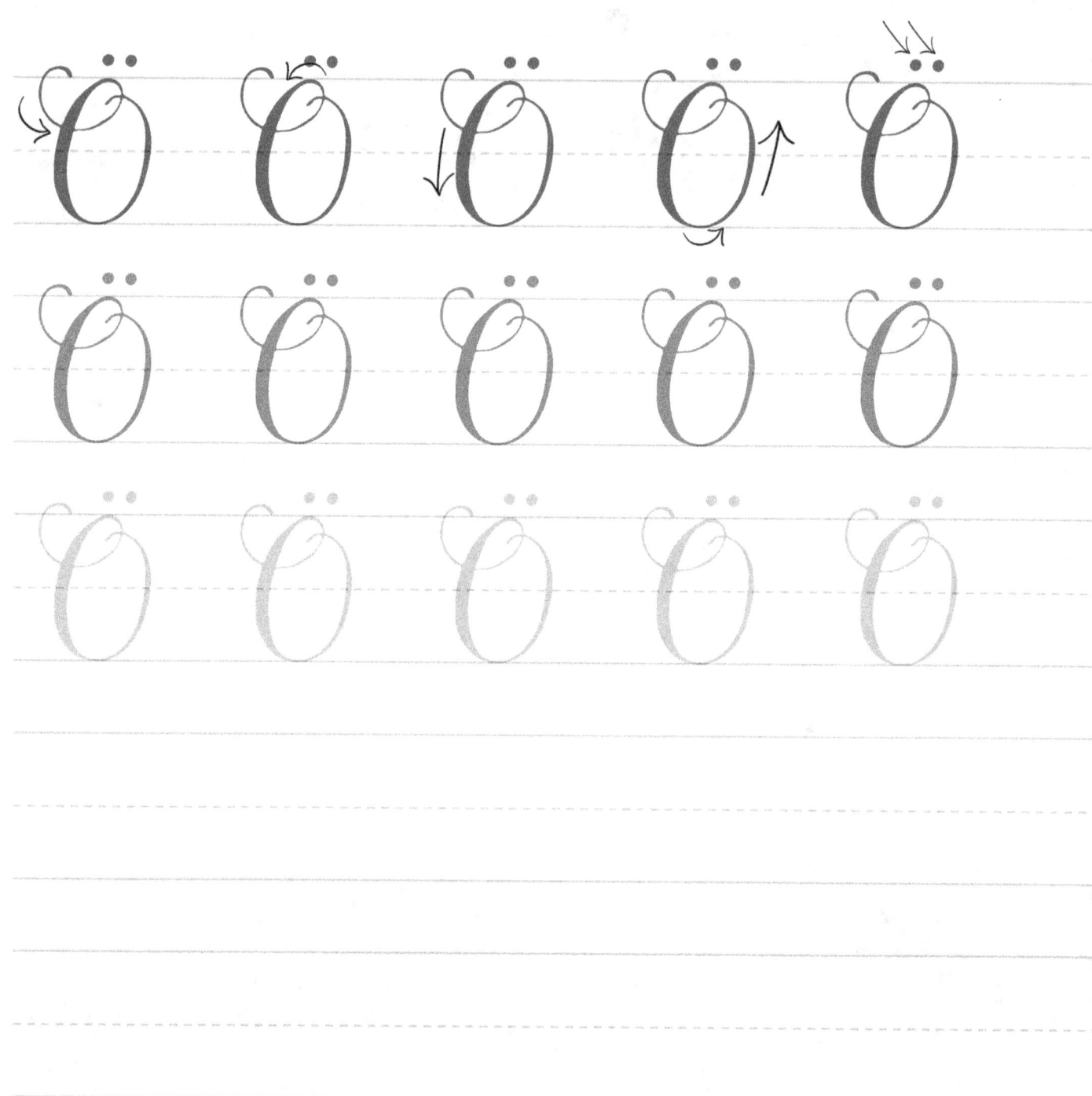

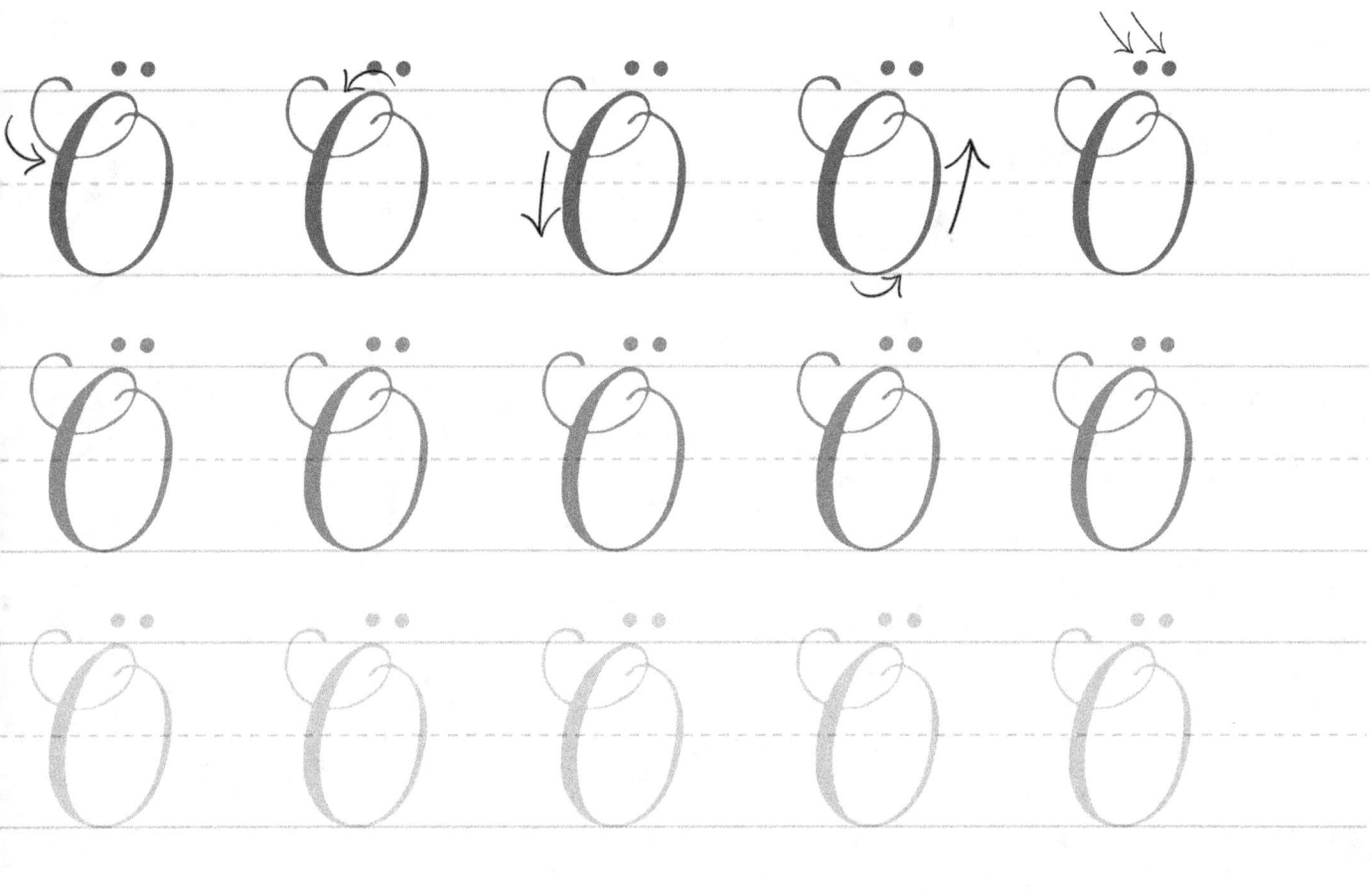

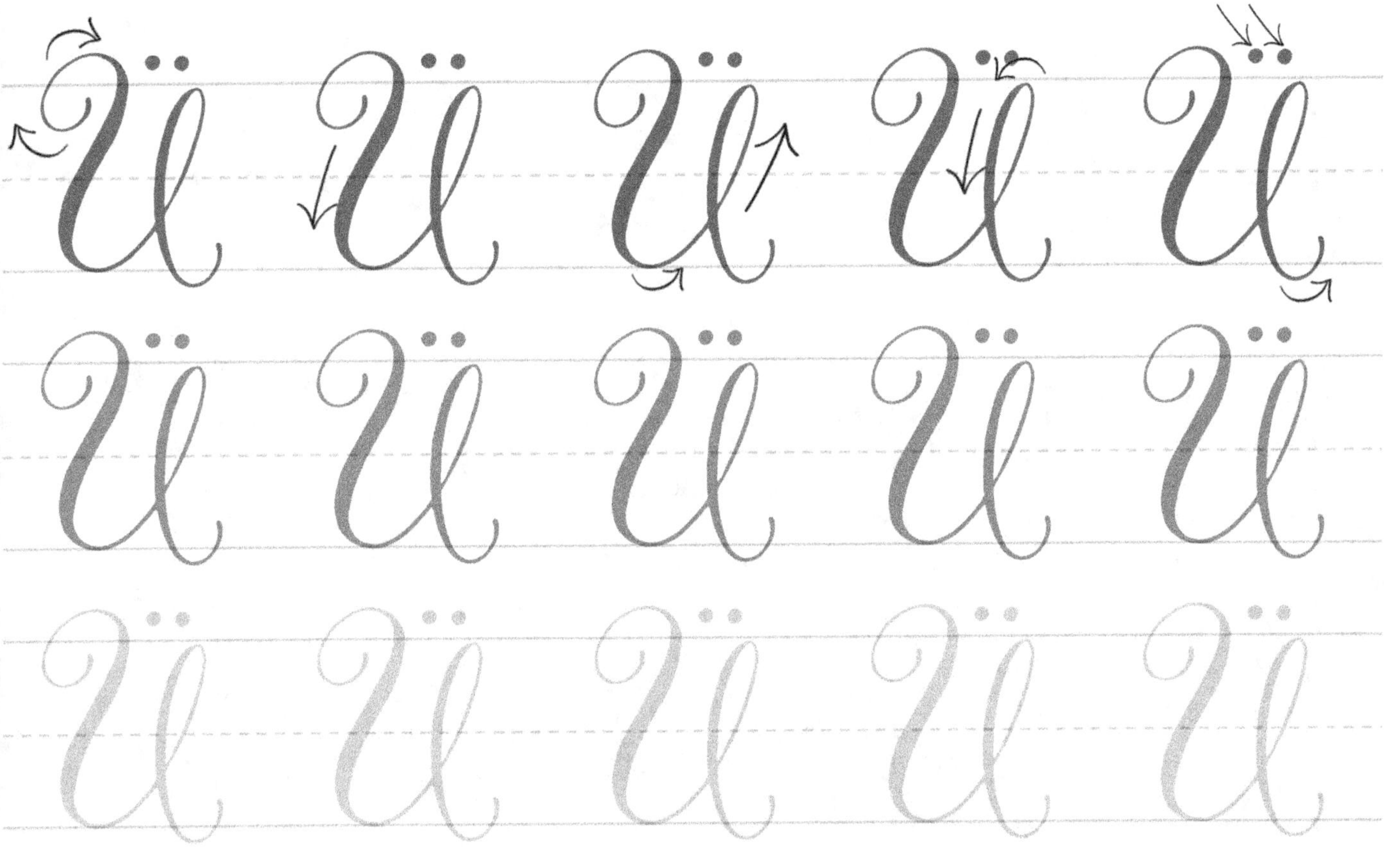

𝓑 𝓑 𝓑 𝓑 𝓑 𝓑

𝓑 𝓑 𝓑 𝓑 𝓑 𝓑

𝓑 𝓑 𝓑 𝓑 𝓑 𝓑

$\mathcal{B}$ $\mathcal{B}$ $\mathcal{B}$ $\mathcal{B}$ $\mathcal{B}$ $\mathcal{B}$

$\mathcal{B}$ $\mathcal{B}$ $\mathcal{B}$ $\mathcal{B}$ $\mathcal{B}$ $\mathcal{B}$

$\mathcal{B}$ $\mathcal{B}$ $\mathcal{B}$ $\mathcal{B}$ $\mathcal{B}$ $\mathcal{B}$

Entdecke

Brush Lettering Übungsbücher

für kleinere Pinselstifte:

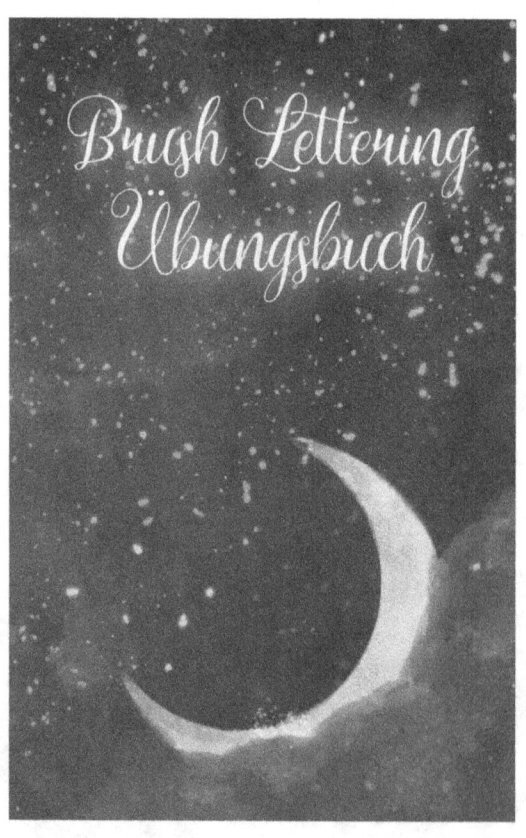

– Für dickere Pinselstifte –

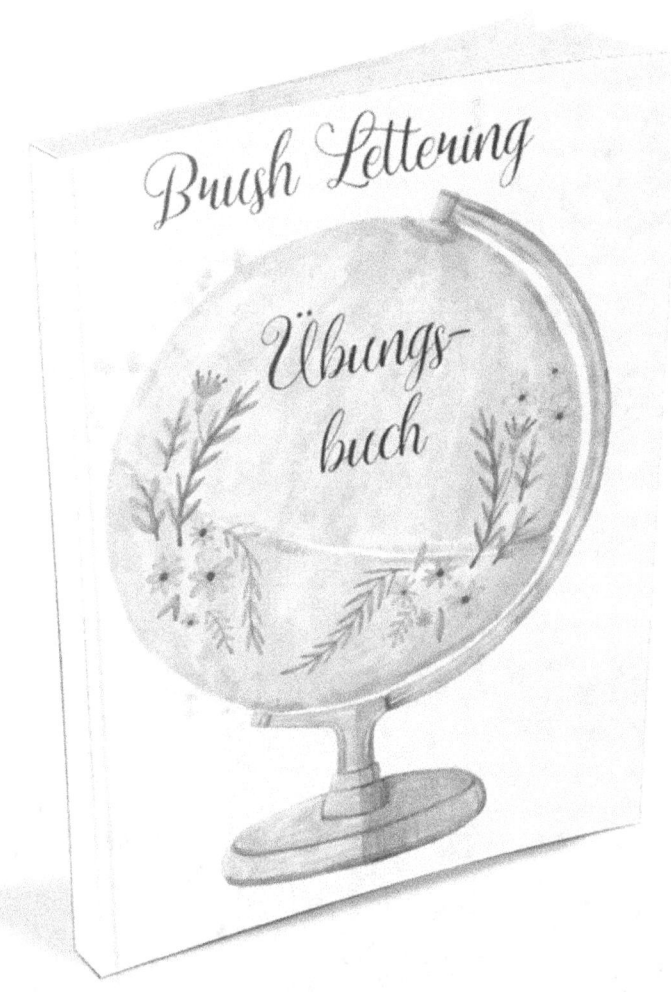

www.ingramcontent.com/pod-product-compliance
Lightning Source LLC
Chambersburg PA
CBHW081729220526
45468CB00008B/2025

9 781974 212941